어쨌든, 니 체

× 정약용

어쨌든,
니체 × 정약용

1쇄 인쇄일 2026년 1월 26일
1쇄 발행일 2026년 2월 5일

지은이　　김이율
펴낸이　　김순일
펴낸곳　　미래문화사
신고번호　제2014-000151호
신고일자　1976년 10월 19일
주소　　　경기도 고양시 덕양구 삼송로 222, 현대헤리엇 업무시설동(101동) 301호
전화　　　02-715-4507 / 713-6647
팩스　　　02-713-4805
이메일　　mirae715@hanmail.net
홈페이지　www.miraepub.co.kr
블로그　　blog.naver.com/miraepub

ISBN 978-89-7299-592-0 (03130)

어쨌든, 니 체 × 정약용

질문으로 넘어서고,
삶으로 증명하다

김이율 지음

미래문화사
MIRAE

차례

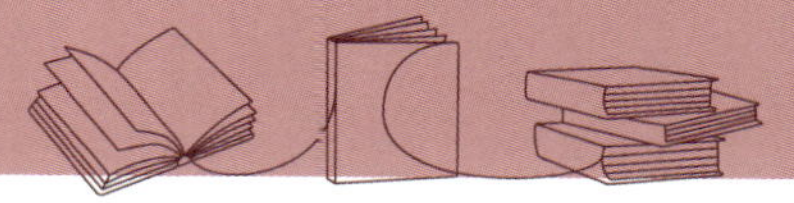

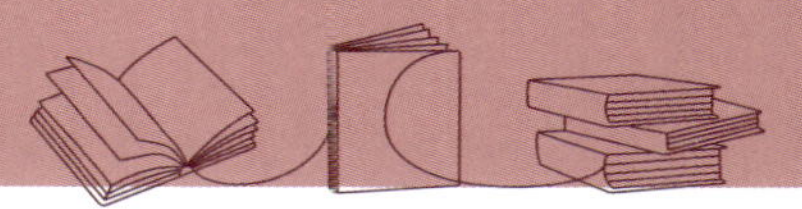

먼 서쪽의 사상가여, 그대의 편지를 읽었습니다.

그대가 던진 물음 — "인간이 신도 제도도 의지하지 않고 스스로를 세워야 한다면 마지막에 무엇을 의지할 수 있는가" — 는 내 유배의 긴 밤마다 나를 붙든 질문이기도 했습니다. 강진의 초가에서 파도와 바람의 소리를 들으며 나는 인간이 정말 홀로 설 수 있는지 스스로 묻곤 했습니다. 조정은 나를 버리고 벗들은 두려움에 멀어졌으며 가족마저 흩어졌습니다. 내가 의지하던 유교의 이상은 당파의 칼날 앞에서 허망하게 무너졌습니다. 그 폐허 속에서 나는 그대가 "신은 죽었다"고 외쳤을 때의 전율을 이해했습니다. 모든 것 뒤에 남겨진 벌거벗은 인간을 마주한다는 두려움을.

그러나 그 어둠 속에서도 놓을 수 없었던 것이 있었습니다.

바로 인간을 향한 믿음, 서로를 향해 내미는 손길이었습니다. 유배지로 나를 찾아온 젊은이들, 병든 아이를 안은 어머니들, 억울함을 호소하던 백성들. 그들은 줄 것도, 바랄 것도 없었지만 내 앞에 섰습니다. 그 순간들 속에서 나는 제도보다 오래되고 이념보다 단단한 무언가가 인간의 깊은 자리에 있음을 보았습니다. 고통받는 이를 외면하지 못하는 마음, 절망 속에서도 손을 내미는 용기. 나는 그것을 '백성'이라 불렀고, 그대는 '초인'이라 불렀을 것입니다. 이름은 달라도 삶을 지탱하는 힘을 향해 있었다는 점에서는 같았습니다.

그대가 말한 것처럼 고통을 통과한 인간만이 스스로를 초월할 수 있다면 나는 그 고통 속에서 또 다른 진실을 보았습니다. 인간은 혼자가 아니며, 고통은 우리를 서로 이어주는 다리가 된다는 사실입니다. 내가 겪은 아픔으로 인해 나는 백성의 아픔을 더 깊이 이해할 수 있었고, 부당함을 겪었기에 부조리한 제도가 얼마나 많은 생을 짓누르는지 볼 수 있었습니다. 고통은 나를 고립시키지 않았습니다. 오히려 모든 고통받는 이들과 나를 잇는 끈이 되었습니다. 그래서 내가 말한 정치는 제도 이전에, 서로를 돌보는 인간의 마음에서 출발했습니다.

그대의 초인은 스스로 가치를 창조하는 존재입니다. 숭고한 이상이지요. 그러나 나는 묻습니다. 홀로 선다는 그 의미가, 타인과 나누지 않은 가치 속에서도 온전할 수 있는가? 나는 긴 세월 책을 쓰며 깨달았습니다. 진리는 전해질 때 완성되며, 누군가의 삶을 비추어야 비로소 의미를 얻는다는 것을.

그대의 사유가 불처럼 낡은 것을 태우고자 한다면 나는 그 재를 모아 다시 삶의 밭을 일구는 흙의 길을 택했습니다. 불이 세상을 깨우고, 흙이 세상을 붙듭니다. 불이 없으면 나는 잠들었을 것이고, 흙이 없으면 그대의 불은 사라졌을지도 모릅니다. 파괴와 건설, 초월과 연결은 서로를 필요로 합니다. 동쪽에서 나는 아궁이를 지피고, 서쪽에서 그대는 하늘을 향해 외쳤습니다.

인간이 마지막으로 의지할 힘이 있다면 나는 그것을 '연결'이라 부르고 싶습니다. 스스로를 세우려는 힘과 서로를 이어가려는 힘이 만날 때 인간은 절망에서도 다시 일어섭니다. 고독 속에서도 인간은 서로를 찾았고, 손을 내밀며 울고 웃었습니다. 이것은 나약함이 아니라 인간의 가장 단단한 힘입니다.

선생, 그대의 초인이 하늘을 향해 오를 때, 나의 백성은 땅에서 서로의 삶을 지탱합니다. 하늘과 땅이 멀어 보여도 결국 하나의 세상을 이룹니다. 그대는 인간이 닿을 수 있는 가장 높은 곳을 꿈꾸었고, 나는 인간이 서로에게 줄 수 있는 가장 따뜻한 것을 지켰습니다. 그 둘이 만나는 곳에 더 온전한 인간이 서리라 믿습니다.

그대의 고독이 헛되지 않기를. 그대의 생각이 먼 훗날 많은 이들의

어둠을 밝히기를. 우리는 결코 혼자가 아닙니다. 우리의 고통과 삶과

사유는 보이지 않는 끈으로 이어져 있습니다.

조선의 옛 유배지에서 등불을 밝히며 이 글을 가칩니다.

다산 정약용 드림

존경하는 정약용 선생님께 

먼 시간을 넘어 당신의 삶을 읽었습니다.

18년의 유배 속에서도 사유를 멈추지 않고 고통을 사상의 토양으로 바꾸신 분.

촛불 하나에 의지해 오백 권의 책을 써낸 당신의 삶은 철학이 현실과 맞닿을 때 얼마나 뜨겁게 살아나는지를 증언합니다. 진리는 책상이 아니라 백성의 삶 속에 있다는 것―당신은 이미 알고 계셨습니다.

저 또한 그렇게 믿었습니다.

철학은 고통을 회피시키는 기술이 아니라, 고통의 의미를 바꾸는 힘이어야 한다고.

삶을 해석하는 것이 아니라, 삶을 창조하는 힘이어야 한다고.

저는 오래전부터 묻고 있었습니다.

"무엇이 인간을 살게 하는가?"

이 물음은 모든 철학의 시작이자 끝입니다. 인간은 왜 다시 일어나는가, 무엇이 고통을 견디게 하는가. 많은 이들은 신이나 전통에서 의미를 빌려 왔지만, 저는 인간이 스스로 만든 가치들에 억눌리는 모습을 보았습니다.

당신도 조선의 당쟁 속에서 같은 폐허를 보셨겠지요.

명분과 의리가 사람을 살리기보다 죽였던 시대.

유교는 도덕을 말했지만 도덕은 무기가 되었고, 제도는 인간을 위해
존재하기보다 인간을 규율하는 장치가 되었습니다.

저는 유럽에서 기독교와 계몽주의가 타락하는 모습을 보며 같은 결
론에 이르렀습니다.

그래서 '신의 죽음'을 말했습니다.

신을 부정하려는 것이 아니라 의미의 근원을 인간에게 돌려놓기 위
한 선언이었습니다. 진정한 가치는 외부에서 주어지는 것이 아니라
인간이 스스로 창조해야 한다고 믿었기 때문입니다.

당신 역시 그런 불편함을 아셨을 것입니다.

과거제도, 신분제, 경직된 명분들.

당신은 그것을 무너뜨리는 길을 학문과 실천 속에서 찾았고 저는 새
로운 인간을 꿈꾸는 사상 속에서 찾았습니다.

다른 길이었지만 질문은 같았습니다.

"인간은 스스로의 삶을 얼마나 주체적으로 창조할 수 있는가?"

저는 인간이 운명을 만드는 존재라고 믿었고, 그 믿음의 대가로 고독을 받았습니다.

그러나 고독 속에서야 비로소 인간은 자기 목소리를 듣게 됩니다.

당신이 유배지에서 오백 권을 쓰고, 제가 산속에서 제 사유를 다듬을 수 있었던 이유도 그 때문입니다. 고독은 때때로 본질을 향한 좁은 문입니다.

당신의 글에는 따뜻한 숨결이 있습니다.

당신은 추상적 인간이 아니라 눈앞의 인간을 사랑했습니다.

저는 가능성을 사랑했고, 당신은 삶을 사랑했습니다.

나의 사유가 불처럼 낡은 것을 태울 때, 당신의 사유는 흙처럼 새 삶을 일구었습니다.

불이 없으면 새로움은 오지 않고, 흙이 없으면 새로움은 뿌리내리지 못합니다.

선생님, 그래서 묻습니다.

만약 인간이 신도 제도도 관습도 의지하지 않고 홀로 서야 한다면—

그때 인간이 마지막으로 의지해야 할 힘은 무엇입니까?

저는 그것을 '힘에의 의지'라 불렀습니다.

16

자신을 극복하고, 자신에게 의미를 부여하는 능력.

그러나 그것만으로 충분한지 아직 확신하지 못합니다.

당신은 아마도 다른 답을 가지고 계실 것입니다.

당신의 답을 듣고 싶습니다. 그 대화 속에서 새로운 빛이 태어날지도

모르니까요.

저는 다시 제 고독으로 돌아갑니다.

그러나 그 고독은 이제 조금 덜 차갑습니다.

시간과 공간을 넘어 당신과 만났기 때문입니다.

우리는 서로 다른 길을 걸었으나, 더 나은 인간과 더 진실한 삶이라

는 하나의 목적지를 향해 걷고 있었습니다.

당신의 유배가 헛되지 않았기를 바랍니다.

당신의 글들이 언젠가 세상을 밝히고, 당신의 따뜻함이 긴 세월을 견

뎌내기를 바랍니다.

먼 서쪽, 산 위의 작은 집에서 당신을 생각하며.

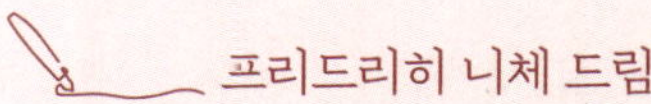

프리드리히 니체 드림

심연을 마주하는 용기

괴물과 싸우는 사람은 그 과정에서
자신이 괴물이 되지 않도록 조심해야 한다.
당신이 오랫동안 심연을 들여다본다면,
심연 또한 당신을 들여다본다.

악과 맞서는 일은 고귀해 보입니다. 그러나 니체는 경고합니다. 싸우는 동안 우리는 모르는 사이에 적을 닮아간다고. 문제는 폭력 그 자체가 아니라, 싸움 속에서 주체가 스스로의 기준을 잃어버리는 순간입니다. 니체가 경계한 것은 행위가 아니라, 그 과정에서 자기 자신이 타인의 형상으로 변형되는 일이었습니다.

심연은 단순한 어둠이 아닙니다. 그것은 응시하는 자를 끌어당기는 힘입니다. 니체가 말한 위험은 감정의 전염이 아니라, 오랫동안 어떤 대상과 대립할 때 그 대상이 나의 사고방식과 기준을 대신 결정하게 되는 상태입니다. 분노는 정의의 언어를 쓰기 시작하고, 복수는 정당한 권리처럼 느껴집니다. 그러나 그 순간 우리는 이미 적의 언어로 세계를 해석하고 있습니다.

역사는 이를 반복해 보여 줍니다. 혁명가는 폭군이 되고, 해방자는 억압자가 됩니다. 처음에는 순수했던 동기가 싸움의 과정에서 변질되고, 적을 무너뜨리기 위해 배운 방식이 어느새 목적 그 자체가 됩니다. 니체는 '선한 목적'이라는 언어를 의심했습니다. 그에게 중요한 것은 도덕적 명분이 아니라, 그 싸움이 나를 더 강하게 만드는지, 아니면 타인의 형상을 되풀이하게 만드는지였습니다.

괴물을 무찌르기 위해 괴물이 된다면, 승리한 것은 내가 아니라 괴물입니다. 니체가 말한 용기는 싸움 속에서도 여전히 스스로를 기준으로 삼을 수 있는가, 그리고 그 대립이 나를 더 높은 형식의 존재로 밀어 올리는가—그 질문 앞에 서는 태도에 있습니다.

니체에게 적은 내면에만 있지 않습니다. 더 위험한 것은 싸움의 구조가 나를 대신 규정하게 두는 순간입니다. 그때 나는 더 이상 나 자신이 아니라, 싸움이 만들어낸 하나의 형식이 됩니다.

당신에게 던지는 질문

그 싸움은 당신을 소모시켰나요, 아니면 더 단단하게 만들었나요?

작은 일의 중요성

큰 일을 이루려면
작은 일부터 소홀히 하지 말아야 한다.

다산은 『목민심서』에서 지방관이 해야 할 일을 세세하게 기록했습니다. 백성을 다스리는 큰 원칙부터 장부를 정리하는 작은 실무까지. 그는 알았습니다. 큰 일은 작은 일들이 쌓여서 이루어진다는 것을.

사람들은 흔히 큰 일만을 바라봅니다. 위대한 성취, 대단한 성공, 역사에 남을 업적. 하지만 정작 눈앞의 작은 일은 소홀히 합니다. "이건 중요하지 않아", "나중에 해도 돼"—이렇게 미루다가 결국 큰 일도 이루지 못합니다.

작은 일을 소홀히 하는 태도로는 큰 일을 감당하기 어렵습니다. 큰 일은 작은 일들의 집합이기 때문입니다. 건물은 벽돌 하나하나로 쌓이고, 책은 문장 하나하나로 완성됩니다. 작은 벽돌을 제대로 쌓지 못하는 사람이 어떻게 견고한 건물을 세울 수 있겠습니까?

작은 일에 성실한 사람만이 큰 일을 맡을 자격이 있습니다. 작은 일에서 보이는 태도가 큰 일에서도 그대로 나타납니다. 작은 일을 건성으로 하는 사람은 큰 일도 건성으로 할 것이고, 작은 일에 최선을 다하는 사람은 큰 일에도 최선을 다할 것입니다.

다산은 유배지에서도 매일의 작은 일을 소홀히 하지 않았습니다. 아침 기상, 세수, 책 읽기, 글쓰기—이 작은 일들을 그는 18년의 유배 기간 내내 지켜 나갔습니다. 그 작은 일들이 쌓여 500여 권의 책이 되었습니다.

눈앞의 작은 일을 소홀히 하지 마십시오. 그것이 사소해 보여도 정성을 다하십시오. 작은 일에서의 성실함이 큰 일로 가는 계단입니다. 한 계단 한 계단 확실하게 밟아야 정상에 오를 수 있습니다.

당신에게 던지는 질문

당신은 눈앞의 작은 일을 가볍게 여기고 있지는 않습니까?

영원회귀의 무게

모든 것은 돌아온다. 영원한 회귀.

니체는 시간을 설명하기보다, 삶을 시험하는 가장 무거운 질문을 던집니다. 만약 당신의 삶이 끝없이 반복된다면, 똑같은 기쁨과 똑같은 고통이 영원히 되풀이된다면 당신은 그것을 기꺼이 다시 원할 수 있겠느냐고.

니체는 이것을 하나의 가설처럼 제시하면서, 동시에 삶을 가늠하는 가장 가혹한 질문으로 던집니다. 지금 이 순간, 이 선택, 이 관계, 이 고통—그 모든 것이 무한히 반복된다고 상상해보십시오. 당신은 이 삶을 그대로 다시 원한다고 말할 수 있습니까?

대부분의 사람들은 이 질문 앞에서 주저합니다. "이번만"이라는 말로 자신을 속이고, "다음에는"이라는 약속으로 미루며 살아왔기 때문입니다. 하지만 영원회귀의 질문 앞에서는, 그런 말들은 힘을 잃습니다. 모든 순간이 다시 돌아온다고 가정될 때, 그 순간을 어떻게 받아들일 수 있는지가 문제입니다.

니체에게 영원회귀는 저주일 수도 있고, 축복일 수도 있습니다. 그것을 가르는 것은 삶을 긍정할 수 있는 힘입니다. 이를 받아들일 때 우리는 스스로에게 묻게 됩니다. 당신은 지금 이 삶을 사랑하는가? 한 치의 후회도 없이 다시 살 수 있을 만큼? 이 질문에 "예"라고 말할 수 있는가가, 삶을 긍정할 수 있는 힘을 가늠하는 기준이 됩니다.

영원회귀는 삶을 가볍게 만들지 않습니다. 오히려 견딜 수 없을 만큼 무겁게 만듭니다. 하지만 그 무게를 견딜 수 있는 자만이 삶을 긍정할 수 있는 힘의 형식으로 자신을 바꿉니다. 한 번뿐이라서 소중한 것이 아닙니다. 영원히 반복되어도 긍정할 수 있을 때, 그때 비로소 삶 전체에 '예'라고 말할 수 있게 됩니다. 당신은 지금의 삶을, 있는 그대로 다시 원한다고 말할 수 있습니까?

당신에게 던지는 질문

당신은 지금의 삶을, 그대로 다시 살 수 있다고 말할 수 있습니까?

헛되이 흘려보낸 시간

하루를 헛되이 보내면 그날의 일을 잃는 것이요,
한 해를 헛되이 보내면 그해의 일을 잃는 것이다.

시간은 되돌릴 수 없습니다. 다산은 유배지에서 이 사실을 전제로 하루를 살아냈습니다. 아침 해가 뜨면 붓을 들고 밤이 깊어서야 책을 덮었습니다. 18년의 유배 기간 동안 그는 수백 권에 이르는 저술과 편찬 작업을 이어갔습니다. 절망 속에서도 그는 시간을 허투루 흘려보내지 않으려 애썼습니다.

사람들은 종종 시간을 흘려보내면서도 그 무게를 체감하지 못합니다. "내일 하면 되지", "나중에 해도 늦지 않아"—이런 말들로 스스로를 속입니다. 하지만 오늘 미룬 일은 내일도 쉽게 미뤄지기 마련입니다. 미루는 것은 습관이 되고, 그 습관은 인생 전체를 잠식합니다.

하루하루가 쌓여 인생이 됩니다. 헛되이 보낸 하루가 쌓이면 삶은 점점 비어가고, 충실한 하루가 이어질수록 삶은 밀도를 갖게 됩니다. 어떤 사람은 80년을 살아도 실제로는 며

칠밖에 살지 못하고, 어떤 사람은 50년을 살아도 100년 치의
삶을 삽니다. 같은 시간을 살더라도 어떤 삶은 얕게 지나가
고, 어떤 삶은 깊게 축적됩니다. 차이는 매일을 어떻게 보내
느냐에 있습니다.

다산은 유배지에서도 매일 아들들에게 편지를 썼습니다.
"오늘 무엇을 배웠느냐", "어떤 책을 읽었느냐"—그는 자식
들의 하루하루를 물었습니다. 그는 하루를 묻는 일이 삶 전체
를 가르치는 일임을 알고 있었습니다.

시간의 흐름을 막을 수는 없습니다. 하지만 그 시간을 어떻
게 채울지는 선택할 수 있습니다. 오늘이 가기 전에 물어보십
시오. 나는 오늘 무엇을 했는가? 만약 아무것도 하지 않았다
면, 그날은 당신의 인생에서 사라진 것입니다. 되찾을 수 없
습니다. 내일 아침 해가 뜨면, 새로 맞은 오늘을 헛되이 보내
지 마십시오. 당신에게 주어진 시간은 유한합니다.

당신에게 던지는 질문

당신은 오늘의 시간을 무엇으로 채웠습니까?

신의 죽음과 새로운 시작

신은 죽었다. 그리고 우리가 그를 죽였다.

우리는 오랫동안 하늘을 올려다보며 의미를 위탁해 왔습니다. 신이라는 이름으로, 진리라는 이름으로, 절대라는 이름으로. 그러나 니체는 말합니다. 그 하늘은 이미 텅 비어 있지만, 그 의미를 감당할 준비가 된 이는 거의 없다고.

신의 죽음은 먼저 허무를 불러옵니다. 자유는 그 허무를 통과한 자에게만 열립니다. 더 이상 주어진 의미에 기대지 않고, 우리 스스로 가치를 창조해야 하는 무게와 책임이 찾아온 것입니다. 두려움은 이 질문을 감당할 힘이 아직 충분하지 않다는 신호일 수 있습니다.

신이 사라진 자리에는 공허가 아니라 가능성이 펼쳐집니다. 질문이 바뀌어야 합니다. "무엇이 옳은가?"가 아니라, "나는 어떤 가치를 만들어낼 수 있는가?"로. 주어진 세계가 아니라 만들어가는 세계, 그것이 신 이후의 인간이 마주한 실존입니다.

절대적 진리가 무너진 자리에서 비로소 자유를 감당할 가능성 앞에 서게 됩니다. 두려움을 넘어서는 자만이 이 자유를 감당할 수 있습니다. 그러나 대부분의 사람들은 이 자유를 견디지 못합니다. 그들은 새로운 신을 찾아 헤맵니다. 이데올로기, 과학에 대한 맹신, 돈, 명예—무엇이든 좋습니다. 다시 무릎 꿇을 대상만 있다면.

니체가 말한 인간의 과제는, 그 텅 빈 하늘 아래에서도 가치를 창조해낼 수 있는 힘을 갖는 일입니다. 누군가 대신 답해주기를 기다리지 않고, 스스로 질문하고 스스로 답하는 것. 그것이 신 이후 인간의 과제입니다. 당신은 이 무게를 견딜 수 있습니까? 아니면 여전히 누군가 대신 의미를 내려주기를 기다리고 있습니까?

당신에게 던지는 질문

당신은 스스로 의미를 만들어내는 삶을 감당할 수 있나요?

온고지신의 지혜

옛것을 익히되 그것에 얽매이지 말고,
새것을 좋아하되 그것에 빠지지 말라.

다산이 살았던 시대는 변화의 시대였습니다. 전통 질서가 흔들리기 시작하고, 새로운 사상과 기술이 점차 유입되던 시기였습니다. 어떤 이들은 옛것만을 고집했고, 어떤 이들은 새것만을 추종했습니다. 하지만 다산은 달랐습니다. 그는 옛것과 새것 사이에서 균형을 찾았습니다.

옛것에는 지혜가 담겨 있습니다. 수천 년을 견뎌온 가르침에는 그만한 이유가 있습니다. 하지만 그것을 그대로 답습하는 데에는 한계가 있습니다. 시대가 바뀌면 적용 방식 또한 달라져야 합니다. 옛것을 배우되, 그것을 오늘의 현실에 맞게 해석할 줄 알아야 합니다.

새것은 매력적입니다. 신선하고 흥미로우며 가능성으로 가득 차 있습니다. 하지만 새롭다는 이유만으로 좋은 것은 아닙니다. 검증되지 않은 것, 뿌리 없는 것은 쉽게 무너집니다. 새것을 받아들이되, 그것을 비판적으로 검토할 줄 알아야 합니다.

다산은 유교 경전을 깊이 연구하면서도 서학과 새로운 사상에 대해 열린 태도를 유지했고, 전통 농법을 존중하면서도 새로운 기술을 도입했습니다. 그는 과거와 현재 사이에 다리를 놓았습니다. 옛것의 지혜와 새것의 활력을 결합했습니다.

얽매이지도 말고, 빠지지도 마십시오. 옛것을 무조건 거부하는 것은 뿌리를 잃는 것이고, 새것을 무조건 받아들이는 것은 방향을 잃는 것입니다. 균형을 잡으십시오. 전통의 토대 위에 혁신의 집을 짓고, 새로운 시대에 옛 지혜를 적용하십시오. 과거에 살지도 말고, 미래에만 매달리지도 마십시오. 과거를 딛고 서서 미래를 향해 걸어가십시오.

당신에게 던지는 질문

당신은 무엇을 딛고, 어디로 가고 있습니까?

운명을 사랑하는 삶

사람은 자신의 운명을 사랑해야 한다.
이것이 내 사랑의 본질이다. 아모르 파티.

우리는 삶을 선택하지 못합니다. 어디서 태어날지, 누구를 만날지, 어떤 아픔을 겪을지, 그 대부분은 우리 의지 밖에 있습니다. 그렇다면 우리는 무력한 존재일까요? 니체는 아니라고 말합니다. 우리에게는 여전히 하나의 자유가 남아 있다고. 바로 삶 전체를 긍정할 수 있는 힘입니다.

운명을 사랑한다는 것은 체념이 아닙니다. 오히려 가장 능동적인 긍정입니다. 내게 주어진 모든 것, 기쁨과 고통, 우연과 필연을 향해 "그래, 이것이 내 삶이다"라고 받아들이는 힘입니다. 후회하지 않는 삶이 아니라, 삶의 어떤 순간도 부정하지 않겠다는 전면적 긍정입니다.

아모르 파티는 낙관주의가 아닙니다. 그것은 실존의 무게를 온전히 짊어지는 태도입니다. 만약 당신의 삶이 이대로 영원히 반복된다면, 당신은 다시 한번 이 삶을 살겠다고 말할 수 있습니까? 그렇게 말할 수 있는 삶을 사는 것. 주어진 운명을 원망이 아니라 긍정으로 받아들이는 것. 이것이 자유를 감당하는 인간의 형식입니다.

대부분의 사람들은 '만약'이라는 단어 속에서 살아갑니다. 만약 내가 다른 곳에서 태어났다면, 만약 그 사람을 만나지 않았다면, 만약 그때 다른 선택을 했다면. 하지만 그 '만약'은 당신을 현재에서 멀어지게 만들 뿐입니다.

운명애運命愛는 모든 것을 받아들이되, 그것과 대립하지 않는 것입니다. 주어진 조건을 탓하지 않으면서도 그 조건 속에서 자신의 힘을 형식으로 드러내는 것입니다. 운명은 우리를 가두는 것이 아니라, 삶이 전개되는 장입니다. 문제는 무대가 아니라, 그 위에서 어떻게 움직이느냐입니다. 당신의 삶을, 그 모든 우연과 필연을, 조금도 바꾸지 않고 다시 살 수 있다면, 그때 당신은 삶 전체에 "예"라고 말할 수 있는 존재가 됩니다.

당신에게 던지는 질문

이 삶이 다시 돌아온다면, 당신은 그것을 원한다고 말할 수 있나요?

배움과 사색

군자는 배우지 않으면 안 되고,
배우되 깊이 사색하지 않으면 안 된다.

배움만으로는 부족합니다. 다산은 말합니다. 배운 것은 반드시 깊이 사색되어야 한다고. 지식을 머릿속에 쌓아두는 것이 아니라, 그것을 소화하고 내면화하고 자신의 것으로 만들어야 한다고.

많은 사람들이 배우기만 합니다. 책을 읽고, 강의를 듣고, 정보를 모읍니다. 하지만 그것을 충분히 소화하지 않습니다. 배운 것은 머릿속을 스쳐 갈 뿐, 내면에 뿌리내리지 못합니다. 그래서 알고 있으되 이해하지 못하고, 기억하되 깨닫지 못합니다.

사색은 배움을 자신의 것으로 만드는 과정입니다. 배운 것을 곱씹고, 자신의 경험과 연결하고, 실제 삶에 적용해봅니다. "이것이 내 삶에서는 무슨 의미인가?", "어떻게 실천할 수 있을까?"라는 질문을 던지며 배움을 삶 속으로 끌어옵니다.

다산은 유배지에서 매일 사색했습니다. 아침에는 책을 읽고, 낮에는 생각하고, 밤에는 자신의 생각을 글로 정리했습니다. 배움과 사색의 순환. 이것이 그를 위대한 학자로 만들었습니다.

배우기만 하고 생각하지 않는 사람은 지식을 쌓아 두는 데서 멈춘 사람일 뿐입니다. 많은 것을 알지만 깊이는 없고, 넓게 알지만 자기 것은 아닙니다. 반대로 생각만 하고 배우지 않는 사람은 독단에 빠집니다. 자기 생각만 옳다고 여기고, 새로운 것을 받아들이지 못합니다.

배우십시오. 그러나 거기서 멈추지 말고 사색하십시오. 책을 읽은 후에는 책을 덮고 생각하는 시간을 가지십시오. 배운 것이 당신 안에서 익고, 발효되고, 변화할 시간을 주십시오. 배움과 사색이 만날 때, 지식은 비로소 지혜가 됩니다.

당신에게 던지는 질문

당신은 배운 것을 얼마나 깊이 생각해봤나요?

창조와 파괴의 필연

창조하는 자는 기존의 가치를 넘어서기 위해
파괴를 감내하는 자다.
새로운 가치는 더 이상 작동하지 않는
낡은 가치의 극복 위에서 태어난다.

새로움은 빈 땅에서 태어나지 않습니다. 언제나 무언가를 밀어내고, 허물고, 끝내는 과정을 거쳐야만 합니다. 니체는 말합니다. 진정한 창조자는 파괴를 목적 삼지 않으며, 새로운 가치를 위해 필요한 파괴를 감내할 줄 아는 존재라고.

우리는 안정을 원합니다. 익숙한 것, 검증된 것, 안전한 것을 붙잡고 싶어 합니다. 그러나 그 안정 속에서는 새로운 무언가가 태어나지 않습니다. 새로운 가치는 언제나 낡은 질서에 대한 비판과 극복에서 시작됩니다. 전통을 맹목적으로 부수는 자가 아니라, 그 한계를 꿰뚫어 보는 자만이 새로운 세계를 열 수 있습니다.

파괴는 외부를 향한 폭력이 아니라, 자기 내부를 향한 결단입니다. 그것은 변화의 전제조건입니다. 오래된 신념이 무너질 때 우리는 두려움을 느낍니다. 하지만 그 무너짐 없이는 새로운 나도, 새로운 세계도 시작되지 않습니다. 나비는 번데기를 찢고 나와야 하고, 새는 알을 깨고 나와야 합니다. 그 과정은 고통스럽지만 피할 수 없습니다.

창조는 언제나 위험을 동반합니다. 무너뜨린 것이 다시 세워질지, 그 자리에 무엇이 놓일지는 아무도 알 수 없습니다. 그러나 위험을 피하는 선택은 우리를 과거에 묶어 둡니다. 더 이상 작동하지 않는 가치를 지키는 일, 그것이야말로 위험을 가장한 안전입니다.

무언가를 창조하고 싶다면 먼저 물으십시오. "나는 무엇을 버릴 준비가 되어 있는가?" 창조의 용기는 파괴의 용기에서 시작됩니다. 낡은 껍질을 벗지 못하면 새로운 날개는 돋아나지 않습니다. 두려워하지 마십시오. 무너뜨리는 자만이 세울 수 있고, 끝내는 자만이 시작할 수 있습니다. 파괴와 창조는 분리된 행위가 아니라, 자기 초월 안에서 하나의 흐름으로 이어집니다. 당신은 그 변화를 시작할 준비가 되어 있습니까?

당신에게 던지는 질문

당신은 무엇을 넘어서고, 무엇을 만들고 싶나요?

진정한 벗의 의미

벗은 덕을 닦는 데 도움이 되어야 한다.
서로 경계하고 격려하여 선으로 나아가게 해야 한다.

다산은 유배지에서 진정한 벗의 의미를 더욱 분명히 깨닫게 되었습니다. 권력이 있을 때는 많은 사람이 그를 둘러쌌지만, 유배를 받자 대부분 떠났습니다. 하지만 몇몇 벗들은 멀리서도 편지를 보내고, 책을 구해주고, 그의 학문을 끝까지 지지했습니다. 그들이야말로 진짜 벗이었습니다.

벗은 단순히 함께 시간을 보내는 사람이 아닙니다. 즐거움을 나누는 것만으로 우정이 완성되지는 않습니다. 진정한 벗은 서로를 더 나은 존재로 이끌어 주는 관계입니다. 당신의 잘못을 지적하고, 나태함을 경계시키며, 성장을 진심으로 기뻐하는 사람입니다.

우리 시대의 친구 관계는 종종 지나치게 편안함에 머뭅니다. 서로에게 상처 주지 않으려 하고, 불편한 진실은 말하지 않고, 그저 동조하고 공감하는 데 그칩니다. 그러나 그런 관계는 당신을 성장으로 이끌지 못합니다. 오히려 현재의 당신에 안주하게 만듭니다.

다산은 말합니다. 벗은 서로를 향해 경계의 말을 건넬 수 있어야 한다고. "네가 잘못하고 있어", "그 길은 아니야"—이런 말을 할 수 있는 사람, 그리고 그 말을 들을 수 있는 관계가 진정한 우정입니다. 아첨하는 자는 벗이 아니라 그저 잠시 곁에 머무는 사람일 뿐입니다.

또한 벗은 서로 격려해야 합니다. 힘들 때 일으켜 세우고, 좌절할 때 용기를 주며, 포기하려 할 때 다시 걷게 만드는 사람. 함께 더 높은 곳을 향해 걸어가는 동반자. 이것이 벗입니다.

당신의 친구들을 돌아보십시오. 그들은 당신을 더 나은 사람으로 만들고 있습니까? 아니면 그저 편안함만 주고 있습니까? 그리고 당신은 그들에게 어떤 친구입니까? 당신부터 진정한 벗이 되십시오. 서로를 경계하고 격려하는 사람이 되십시오.

당신에게 던지는 질문

당신의 친구들은 당신을 더 나은 사람으로 만들고 있나요?

고독한 창조자

고독한 자여, 그대는 창조하는 자의 길을 간다.

무리는 안전합니다. 함께 걷는 길에는 이미 정해진 이정표가 있고, 함께 믿는 진리에는 흔들리지 않는 확신이 있습니다. 그러나 니체는 말합니다. 진정한 창조는 고독을 통과하지 않고서는 가능하지 않다고. 무리를 벗어나는 자만이 기존의 것을 넘어서는 새로운 가능성을 발견할 수 있다고.

고독은 외로움과 다릅니다. 외로움이 타인의 부재를 슬퍼하는 상태라면, 고독은 자기 자신과 마주하는 시간입니다. 창조하는 자는 고독을 두려워하지 않습니다. 오히려 그 속에서 자신의 목소리를 찾습니다. 무리의 소음이 사라질 때, 비로소 내면의 속삭임이 들리기 시작합니다.

세상은 고독한 자를 이해하지 못합니다. 그들은 묻습니다. "왜 굳이 혼자 가려 하는가, 함께 가면 더 안전하지 않은가?" 그러나 창조자는 알고 있습니다. 함께 가는 길은 이미 만들어진 길이며, 그 자체로는 새로운 가치를 낳기 어렵다는 사실을.

고독한 길은 험난합니다. 지도도 없고, 동행도 없고, 보장도 없습니다. 실패할 수도 있고, 길을 잃을 수도 있습니다. 하지만 그 위험을 감수하지 않는다면, 우리는 평생 타인이 만든 길 위에서만 움직이게 됩니다.

무리는 당신을 비난할 것입니다. 당신의 고독을 오만으로, 당신의 창조를 일탈로 여길 것입니다. 하지만 신경 쓰지 마십시오. 그들은 자신이 감히 선택하지 못한 길을 당신에게서 보며 불편함을 느낄 뿐입니다.

고독한 자여, 당신의 길을 가십시오. 그 길의 끝에서 당신은 무리가 결코 볼 수 없었던 풍경과 마주하게 될 것입니다.

당신에게 던지는 질문

당신은 혼자서도, 당신의 길을 끝까지 걸어갈 수 있나요?

덕과 말

덕이 있는 사람은 반드시 말이 있으나,
말이 있는 사람이 반드시 덕이 있는 것은 아니다.

『논어』 위정편爲政篇에 나오는 말입니다. 다산은 이 말을 자신의 삶의 기준으로 삼았습니다. 말을 잘하는 사람은 많습니다. 유창하게 말하고, 논리정연하게 설득하고, 아름답게 표현합니다. 하지만 다산은 경고합니다. 말이 있다고 해서 덕이 있는 것은 아니라고. 오히려 말만 번지르르한 사람을 조심하라고.

진정으로 덕이 있는 사람은 말이 자연스럽게 흘러나옵니다. 억지로 꾸미지 않아도 그의 말에는 무게가 있습니다. 왜냐하면 그 말이 삶에서 길어 올려졌기 때문입니다. 실천한 것을 말하고, 경험한 것을 나누기에 그 말에는 속임이 없습니다.

하지만 말만 있는 사람은 다릅니다. 그들은 실천하지 않은 것을 말하고, 경험하지 않은 것을 가르치고, 자신은 하지 않으면서 타인에게 요구합니다. 그들의 말은 화려하지만 공허하게 들리고, 설득력 있어 보이지만 삶과 어긋나 있습니다.

말을 앞세우지 마십시오. 먼저 덕을 쌓으십시오. 실천하십시오. 그러면 말은 자연스럽게 따라올 것입니다. 반대로 덕 없이 말만 화려하게 꾸민다면, 그 허상은 언젠가 드러납니다. 말은 삶의 표현이지, 삶을 대신하는 증거가 될 수는 없습니다.

당신의 말은 지금의 삶에서 우러나오고 있나요?

망각의 힘

망각은 단순한 관성이 아니다.
오히려 능동적이고 적극적인 억제 능력이다.

우리는 기억을 신성하게 여깁니다. 과거를 잊지 말라고, 상처를 기억하라고, 역사를 되새기라고 말합니다. 하지만 니체는 반대로 묻습니다. 만약 우리가 모든 것을 기억한다면 과연 살아갈 수 있을까?

망각은 무능력이 아닙니다. 그것은 분명한 하나의 능력입니다. 쓸모없는 것을 지워내고, 아픈 것을 덮어두며, 끝난 것을 놓아주는 능력. 이 능력 없이는 인간은 과거의 무게에 짓눌려 한 발짝도 앞으로 나아갈 수 없습니다.

기억이 지나치게 많은 사람은 불행합니다. 모든 상처가 여전히 생생하고, 모든 배신이 아직도 아프고, 모든 실패가 계속 발목을 잡습니다. 그들은 과거 속에 갇혀 현재를 살지 못합니다. 망각하지 못하는 자는 과거에 매여 현재를 소모하고, 그로 인해 앞으로 나아갈 힘을 잃습니다.

망각은 도피가 아닙니다. 삶을 유지하게 하는 능동적인 힘입니다. 무엇을 붙잡고 무엇을 놓아둘지 선택할 수 있을 때, 우리는 비로소 삶의 무게를 감당할 수 있습니다.

건강한 정신은 적절히 잊을 줄 압니다. 과거를 지우는 것이 아니라, 그것에 지배당하지 않는 것입니다. 상처는 기억하되 아픔은 흘려보내고, 교훈은 간직하되 원망은 내려놓는 것. 이것이 니체가 말한 능동적 망각의 의미입니다.

당신은 무엇을 기억하고, 무엇을 잊을 준비가 되어 있습니까? 과거는 짐이 아니라 다음 삶을 위한 토양이어야 합니다.

당신에게 던지는 질문

당신은 무엇을 잊어야만 앞으로 나아갈 수 있나요?

날마다 쌓는 학문

학문이란 날마다 쌓는 것이요,
하루라도 쌓지 않으면 하루를 잃는 것이다.

학문은 한순간의 깨달음이 아닙니다. 다산은 말합니다. 학문은 날마다 쌓아야 하는 것이라고. 매일 조금씩, 꾸준히, 멈추지 않고 쌓아야 한다고.

우리는 단번에 이루려 합니다. 짧은 시간에 많은 것을 배우려 하고, 빨리 성과를 내려 하고, 지름길을 찾습니다. 하지만 진짜 학문은 그렇게 이루어지지 않습니다. 벽돌을 하나씩 쌓듯이, 한 걸음씩 걷듯 매일 조금씩 쌓아야 합니다.

하루라도 쌓지 않으면, 우리는 그 하루를 잃습니다. 이는 단순히 속도의 문제가 아닙니다. 쌓이던 것이 멈추는 순간, 학문은 서서히 되돌아가기 시작합니다. 학문은 살아 있는 것이어서, 돌보지 않으면 쉽게 시듭니다. 그래서 하루를 쉬면 사흘이 멀어진다는 말이 전해집니다.

다산은 학문을 하루의 일과에서 제외하지 않았습니다. 아프거나 힘들어도, 날씨가 나빠도, 마음이 괴로워도 책상 앞에 자신을 앉혔습니다. 그 매일의 축적이 500여 권에 이르는 저술로 이어졌습니다. 만약 그가 "오늘은 쉬어도 되겠지"라고 말했다면, 그 위대한 업적은 없었을 것입니다.

결국 꾸준함은 재능의 한계를 넘어섭니다. 재능 있는 사람이 게으르면 평범한 결과를 내고, 평범한 사람이 꾸준하면 위대한 결과를 냅니다. 차이는 매일 쌓느냐, 멈추느냐에 있습니다.

오늘 당신은 무엇을 쌓았습니까? 책 한 페이지라도, 생각 한 가지라도, 메모 한 줄이라도 쌓았습니까? 작아도 좋습니다. 중요한 것은 매일 쌓는 것입니다. 하루도 빠짐없이. 그렇게 10년을 쌓으면 산이 됩니다.

당신에게 던지는 질문

당신은 오늘 무엇을 쌓았나요?

국가라는 차가운 괴물

국가는 모든 차가운 괴물 가운데 가장 차가운 괴물이다.
국가는 차갑게 거짓말하며 말한다.
"나, 국가가 곧 국민이다."

우리는 국가를 너무도 자연스러운 것으로 받아들입니다. 태어날 때부터 주어진 소속, 의심하지 않아도 되는 정체성처럼 말입니다. 그러나 니체는 경고합니다. 국가는 개인을 삼키는 괴물이며, 바로 당신의 이름을 빌려 당신을 지배한다고.

국가는 교묘합니다. 그것은 폭력으로 노골적으로 지배하지 않습니다. 대신 "우리"라는 말로 당신을 포섭합니다. "국민", "애국", "공익"—이 아름다운 단어들 뒤에서 개인은 사라집니다. 당신의 의지는 "국가의 의지"로 둔갑하고, 당신의 희생은 "국가를 위한 헌신"으로 미화됩니다.

가장 위험한 것은 사람들이 이 거짓말을 아무 의심 없이 진심으로 믿는다는 점입니다. 그들은 국가를 위해 기꺼이 자신을 던집니다. 전쟁터에서, 일터에서, 체제의 내부에서. 그리고 그것을 숭고하다고 여깁니다. 하지만 니체는 묻습니다. 당신이 따랐던 것은 국가였습니까, 아니면 국가의 이름을 쓴 권력이었습니까?

국가는 개인보다 더 크다고 말합니다. 하지만 그것은 개인들의 삶 위에 세워진 추상적 구조일 뿐입니다. 국가가 없어도 사람은 살아왔지만, 사람이 없으면 국가는 존재할 수 없습니다. 그런데도 우리는 국가를 마치 신처럼 떠받듭니다.

니체는 국가의 폐지를 주장하지 않습니다. 다만 그것을 신성시하지 말라고, 그것 앞에 무릎 꿇지 말라고 경고합니다. 국가는 도구일 뿐입니다. 개인을 위해 존재해야 하는 도구. 그런데 언제부턴가 주객이 전도되었습니다. 당신은 국가를 위해 존재합니까, 아니면 국가가 당신을 위해 존재합니까? 이 질문에 대한 답은 당신이 얼마나 스스로를 지배하고 있는지를 드러냅니다.

당신에게 던지는 질문

당신은 국가 없이도 당신 자신으로 존재할 수 있나요?

의리와 이익

선비는 의로움을 따라야지, 이익을 따라서는 안 된다.

다산은 이 원칙 때문에 큰 고통을 겪었습니다. 그는 천주교 사건을 계기로 당시 권력 질서와 충돌했고, 부패한 권력에 맞섰습니다. 이익을 따랐다면 편했을 것입니다. 권력에 아부하고, 부당한 것을 못 본 척하고, 순응의 길을 택했다면 유배도 가지 않았을 것입니다. 하지만 그는 의리를 택했고, 그 선택의 결과를 감내했습니다.

의리와 이익은 종종 충돌합니다. 옳은 일을 하면 손해를 보는 경우가 많고, 이익을 취하려고 하다 보면 때로는 양심을 꺾어야 하는 상황이 생깁니다. 대부분의 사람들은 결국 이익을 택합니다. 그리고 그 선택을 "현실적"이라는 말로 정당화합니다. 하지만 그것은 스스로를 설득하는 방식에 가깝습니다.

이익을 따르는 삶은 끝없는 자기 타협입니다. 한 번 양보하면 다음번에는 더 큰 양보를 하게 되고, 작은 타협이 쌓이면 결국 자기 기준을 흐리게 됩니다. 거울을 봤을 때 부끄럽지 않은 사람이 되기 위해서는, 이익보다 의리를 택해야 합니다.

의리를 따르는 것은 쉽지 않습니다. 손해를 감수해야 하고, 외로워질 수도 있고, 대가를 치러야 할 수도 있습니다. 하지만 그렇게 사는 사람은 자기 자신과의 관계를 지킬 수 있습니다. 밤에 편안히 잘 수 있고, 자식들에게 떳떳할 수 있고, 인생의 마지막에 후회하지 않을 수 있습니다.

다산은 유배지에서도 끝까지 의리를 지켰습니다. 풀려나기 위해 권력에 굴복하지 않았고, 생계를 이유로 소신을 굽히지도 않았습니다. 그래서 그는 지금까지도 한 인간의 태도로 기억됩니다. 그의 책이 아니라, 그의 삶이 오늘의 우리를 감동시킵니다. 우리가 배우고 싶은 것은 한 사상가의 이론이 아니라, 한 인간의 태도입니다.

선택의 순간이 옵니다. 의리와 이익 사이에서. 그때 무엇을 택하겠습니까? 당장의 이익은 달콤하지만, 의리는 평생 당신을 지탱합니다. 현명하게 선택하십시오.

당신에게 던지는 질문

당신은 이익과 의리 사이에서 무엇을 택해 왔나요?

초인에 이르는 길

나는 너희에게 초인을 가르친다.
인간은 극복되어야 할 그 무엇이다.

인간은 완성된 존재가 아닙니다. 니체는 말합니다. 인간은 동물과 초인 사이에 놓인 다리라고. 우리는 더 이상 동물이 아니지만, 아직 초인도 아닙니다. 그 중간 어딘가에서 흔들리고 있는 존재입니다.

초인은 신이 아닙니다. 그것은 자신을 끊임없이 극복하는 인간, 스스로를 넘어서는 인간입니다. 주어진 가치를 맹목적으로 따르지 않고, 스스로 가치를 창조하는 자. 도덕의 노예가 아니라 자기 가치의 창조자가 되는 자. 그것이 초인입니다.

대부분의 사람들은 현재의 자신에 만족합니다. "나는 이런 사람이야"라고 선언하고, 그 틀 안에 안주합니다. 하지만 니체는 묻습니다. 왜 당신은 지금의 자신에 머물러야 합니까? 왜 지금의 자신을 넘어서려 하지 않습니까?

초인으로 가는 길은 편안하지 않습니다. 그것은 끊임없는 자기 극복, 끊임없는 변화를 요구합니다. 어제의 나를 오늘 넘어서고, 오늘의 나를 내일 뛰어넘는 것. 이 과정은 고통스럽습니다. 하지만 그 고통 없이는 자기 극복도 없습니다.

인간은 고정된 본질이 아닙니다. 그 자체로 가능성입니다. 우리는 스스로를 규정하는 한계를 넘어설 가능성을 지니고 있습니다. 문제는 우리가 너무 쉽게 자신을 규정해버린다는 것입니다. "나는 이런 사람이야"라는 말은 종종 "나는 더 이상 변하지 않을 거야"라는 뜻입니다.

초인은 목표가 아니라 방향입니다. 완성이 아니라 과정입니다. 중요한 질문은 이것입니다. 당신은 오늘, 어제의 당신을 조금이라도 넘어섰습니까. 그렇다면 당신은 이미 초인으로 가는 길 위에 있습니다.

정체란 흐름과 변화가 끊긴 상태를 말합니다. 인간은 그 자리에 머무르도록 만들어진 존재가 아니라 스스로를 넘어서는 과정 속에서 자신을 형성해 가는 존재입니다. 니체가 말했듯, 인간은 극복되어야 할 무엇입니다.

당신은 오늘, 어제의 당신을 넘어섰나요?

배움과 생각

배우되 생각하지 않으면 어둡고,
생각하되 배우지 않으면 위태롭다.

다산은 끊임없이 배웠지만 맹목적으로 받아들이지 않았고, 깊이 생각했지만 독단에 빠지지 않았습니다. 배움과 생각의 균형, 그것이 그를 위대한 학자로 만들었습니다.

배우기만 하고 생각하지 않으면 시야가 어두워집니다. 지식은 많지만 지혜는 없고, 정보는 풍부하지만 통찰은 부족합니다. 남의 말을 그대로 반복할 뿐, 자기만의 생각은 자라지 않습니다. 책에 쓰인 것이 전부라고 여기며, 스스로 판단하지 못합니다.

반대로, 생각만 하고 배우지 않으면 쉽게 위태로워집니다. 자기 생각만 옳다고 여기고, 새로운 것을 받아들이지 못하고, 편협해집니다. 독창적인 것 같지만 실은 충분한 배움 없이 생긴 오류일 수 있습니다. 선배들이 이미 밝혀놓은 것을 모른 채, 같은 실수를 반복합니다.

다산은 방대한 경전을 공부했지만, 주자의 해석을 그대로 받아들이지 않았습니다. 깊이 생각한 후 자신만의 해석을 내놓았습니다. 그것은 철저한 고증과 연구를 바탕으로 한 것이었습니다.

배움은 재료를 모으는 것이고, 생각은 그 재료로 요리하는 것입니다. 재료만 쌓아두고 요리하지 않으면 아무 의미가 없고, 요리하려 해도 재료가 없으면 아무것도 만들 수 없습니다. 둘은 언제나 함께 필요합니다.

현대는 배움이 넘쳐나는 시대입니다. 정보는 무한하고, 지식은 쉽게 얻을 수 있습니다. 하지만 생각하는 시간은 턱없이 부족합니다. 계속 새로운 것을 배우느라 소화할 시간이 없습니다. 그래서 많이 알지만 깊이에 이르지 못합니다.

배운 후에는 생각하는 시간을 가지십시오. 책을 덮고, 정보를 끄고, 조용히 앉아 곱씹으십시오. 배운 것이 무엇을 의미하는지, 내 삶에 어떻게 적용되는지, 정말 옳은 것인지. 그리고 생각만 하지 말고 계속 배우십시오. 당신의 생각을 검증하고, 확장하고, 수정할 수 있도록.

당신에게 던지는 질문

당신은 배움과 생각의 균형을 잡고 있나요?

위험하게 살아라

위험하게 살라!
너희의 도시를 베수비오 산 옆에 세워라!

안전은 삶의 긴장을 잃게 만들 수 있습니다. 아무 일도 일어나지 않는 삶, 아무 위험도 없는 삶은 살아 있다고 할 수 없습니다. 니체는 도발합니다. 위험을 피하기만 하지 말고, 필요한 위험을 감수하라고. 화산 옆에 집을 지으라고.

우리는 안전을 추구하도록 교육받았습니다. 위험을 피하고, 실패를 막고, 안정을 확보하라고. 하지만 그렇게 살다 보면 삶은 점점 작아집니다. 도전하지 않고, 모험하지 않고, 새로운 것을 시도하지 않습니다. 안전한 삶은 무난하지만, 종종 삶의 밀도를 잃습니다.

위험하게 산다는 것은 무모함이 아닙니다. 그것은 삶을 온전히 살겠다는 의지입니다. 실패할 수 있음을 알면서도 시도하는 것, 거부당할 수 있음을 알면서도 다가가는 것, 무너질 수 있음을 알면서도 세우는 것. 이것이 위험하게 사는 것입니다.

베수비오 산 옆에 도시를 세운다는 것은 언제든 폭발할 수 있는 위험 속에서도 삶을 긍정한다는 뜻입니다. 안전한 곳으로 도망치지 않고, 위험을 감수하면서도 자기만의 삶을 창조하는 것. 그것이 진정한 용기입니다.

역사를 만든 사람들은 대체로 위험을 감수하는 선택을 했습니다. 그들은 안전한 길을 버리고 불확실한 길을 택했습니다. 그리고 그 과정에서 위대한 것을 만들어냈습니다. 반대로 안전만을 추구한 사람들은 자신을 넘어서는 것을 남기지 못했습니다.

당신의 삶은 안전합니까? 그렇다면 그것은 삶의 가능성을 스스로 제한하고 있을지도 모릅니다. 위험을 감수하십시오. 실패할 수도 있습니다. 하지만 적어도 당신은 살아 있었다고 스스로에게 말할 수 있을 것입니다. 화산이 폭발할지도 모릅니다. 하지만 그 화산 옆에서 당신은 가장 뜨겁게 살 수 있습니다.

당신은 무엇을 위해 위험을 감수할 수 있나요?

성실함의 가치

천하의 일은 성실을 근본으로
삼지 않으면 오래가지 못한다.

다산의 삶 자체가 성실함의 증거입니다. 18년의 유배 기간, 그는 하루의 일과에서 성실함을 놓지 않았습니다. 희망이 보이지 않아도, 끝이 보이지 않아도, 매일 아침 책상 앞에 앉았습니다. 그 성실함이 오랜 세월 남을 업적으로 이어졌습니다.

성실함은 화려하지 않습니다. 극적이지도, 즉각적이지도 않습니다. 그저 매일, 묵묵히 해야 할 일을 하는 것입니다. 특별한 재능도 필요 없고, 대단한 기회도 필요 없습니다. 필요한 것은 오직 성실함뿐입니다.

재능은 성실함을 대신할 수 없습니다. 재능 있는 사람도 성실하지 않으면 평범한 결과를 냅니다. 반대로 평범한 사람도 성실하면 비범한 결과를 만듭니다. 역사를 보십시오. 기억되는 이들은 대개 재능보다 성실함으로 삶을 완성해 간 사람들입니다.

성실함은 자기 자신과의 약속을 지키는 것입니다. "오늘 이것을 하겠다"고 다짐했으면, 그것을 지키는 것. 힘들어도, 기분이 내키지 않아도, 다른 일이 생겨도.

자신과의 약속을 지키는 사람은 타인과의 약속도 지킬 가능성이 커집니다.

성실함은 쌓입니다. 하루의 성실함이 한 주가 되고, 한 주가 한 달이 되고, 한 달이 일 년이 됩니다. 다산의 500여 권 저술도 하루아침에 나온 것이 아닙니다. 18년간의 성실함이 겹겹이 쌓인 결과입니다.

당신은 성실합니까? 자신과의 약속을 지킵니까? 매일 해야 할 일을 합니까? 재능을 탓하기 전에, 기회를 탓하기 전에, 먼저 스스로에게 물어보십시오. 나는 성실했는가? 성실함은 성취를 가능하게 하는 가장 기본적인 토대입니다.

당신에게 던지는 질문

당신은 매일 자신과의 약속 앞에서 성실한가요?

음악 없는 삶의 오류

음악이 없다면 인생은 하나의 오류일 것이다.

삶은 논리로만 설명되지 않습니다. 계산으로 가늠되지 않고, 이성으로 파악되지 않는 영역이 있습니다. 니체는 말합니다. 그 영역이 바로 음악이며, 음악 없는 삶은 삶의 한 가능성을 잃은 상태라고.

음악은 단순한 오락이 아닙니다. 그것은 언어가 닿지 못하는 곳을 건드립니다. 말로 표현할 수 없는 감정, 개념으로 포착할 수 없는 경험—음악은 그것들을 설명하지 않고도 경험하게 만듭니다. 한 소절의 선율이 천 마디 말보다 깊은 곳을 울릴 수 있습니다.

우리 시대는 이성에 과도하게 기대려는 경향이 있습니다. 모든 것을 분석하고, 증명하고, 정당화하려 합니다. 하지만 삶의 가장 중요한 것들은 증명할 수 없습니다. 사랑, 아름다움, 기쁨—이것들은 논리의 영역 밖에 있습니다. 음악은 그 영역을 말하는 언어입니다.

니체가 말하는 음악은 반드시 소리로 된 음악만을 의미하지 않습니다. 그것은 삶 자체의 리듬입니다. 춤추듯 사는 것, 노래하듯 말하는 것, 즉흥적으로 반응하는 것. 이 모든 것이 음악적 삶의 한 방식입니다.

음악 없는 삶은 삶의 리듬을 잃을 위험이 큽니다. 계획대로 움직이고, 예측 가능하게 반응하고, 정해진 패턴을 반복합니다. 하지만 진짜 삶은 즉흥적이고 예측 불가능합니다. 그것은 악보에 적힌 음표가 아니라 연주자의 해석입니다.

당신의 삶에는 음악이 있습니까? 리듬이 있고, 멜로디가 있고, 때로는 불협화음도 있는 삶? 아니면 단조롭게 반복되는 기계음뿐입니까? 삶을 노래하십시오. 완벽하지 않아도 좋습니다. 음악은 완벽함이 아니라 살아 있는 표현입니다. 당신의 삶이라는 음악을, 당신만의 리듬으로 연주하십시오.

당신에게 던지는 질문

당신의 삶에는 어떤 음악이 흐르고 있나요?

겸손과 실천

재능이 있어도 겸손하지 않으면 쓸모가 없고,
학문이 깊어도 실천하지 않으면 소용없다.

재능은 그 자체로 길을 정하지 않습니다. 어떻게 쓰느냐에 따라 사람의 방향이 갈립니다. 그것은 당신을 높이 올릴 수도 있지만, 교만하게 만들어 추락시킬 수도 있습니다. 다산은 말합니다. 재능 있는 사람이야말로 겸손해야 한다고. 재능이 있다고 오만해지는 순간, 그 재능은 독이 됩니다.

재능 있는 사람은 자칫 겸손을 잃기 쉽습니다. 자신이 특별하다고 여기고, 타인을 무시하고, 배우기를 멈춥니다. "내가 이미 충분히 알아", "나는 그들과 달라"—이런 생각은 성장을 더디게 만듭니다. 겸손하지 않은 재능은 오래가지 못합니다.

학문도 마찬가지입니다. 아무리 많이 알아도 실천으로 이어지지 않으면 그 가치는 크게 줄어듭니다. 다산은 실학자였습니다. 그에게 학문은 책 속의 지식이 아니라 백성의 삶을 개선하는 도구였습니다. 다산에게 알기만 하고 행하지 않는 학문은 의미가 없었습니다.

겸손한 사람은 계속 배웁니다. 자신이 모르는 것이 많다는 것을 알기에 타인에게서도 배우고, 경험에서도 배우고, 실패에서도 배웁니다. 그래서 계속 성장합니다. 반대로 오만한 사람은 더 이상 배우지 않습니다. 그래서 정체됩니다.

실천은 배움의 완성입니다. 안다는 것은 행함으로 이어질 때 비로소 완성됩니다. 알면서 행하지 않는다면, 그것은 진짜로 아는 것이 아닙니다. 다산은 배운 것을 삶에서 실천하려 했습니다. 『목민심서』는 그의 행정 경험과 깊은 성찰이 집약된 결과입니다.

재능을 자랑하지 마십시오. 대신 겸손하십시오. 학문을 쌓기만 하지 마십시오. 실천하십시오. 겸손과 실천이 따르지 않으면, 재능과 학문은 삶을 바로 세우는 힘이 되지 못합니다.

당신은 아는 것을 실천하고 있나요?

자기 자신이 되는 용기

자신이 되어라. 당신이 아닌 모든 것을 벗어던져라.

우리는 태어날 때부터 다른 모습의 사람이 되라는 요구를 받습니다. 부모가 원하는 아이, 사회가 원하는 시민, 회사가 원하는 직원. 그렇게 층층이 쌓인 기대 속에서 진짜 자신은 어딘가에 묻혀버립니다. 자신이 된다는 것은 쉽지 않습니다. 그것은 타인의 기대를 하나씩 내려놓는 일을 의미하기 때문입니다. 사랑하는 사람을 실망시킬 수도 있고, 안정된 삶을 포기해야 할 수도 있습니다. 하지만 니체는 묻습니다. 타인의 삶을 사는 것이 과연 살아 있는 것입니까?

"당신이 아닌 모든 것"은 생각보다 많습니다. 강요된 직업, 억지로 맺은 관계, 진심이 아닌 믿음, 원하지 않는 역할—이 모든 것이 당신을 가립니다. 그것들을 벗어던지는 것은 두렵습니다. 왜냐하면 그 밑에 아직 만들어지지 않은 당신이 있을 수도 있기 때문입니다. 하지만 벗어던지지 않으면 절대 알 수 없습니다. 평생 가면을 쓰고 살다가 죽음 앞에서 깨닫게 됩니다. 자신이 누구인지 한 번도 알아보지 못했다는 것을. 그것은 자기 삶을 생성하지 못한 채 머무르는 상태입니다.

자신이 된다는 것은 이미 완성된 자아를 발견하는 일이 아닙니다. 그것은 하나의 본질을 찾아내는 과정이 아니라, 매 순간의 선택 속에서 자신을 만들어 가는 일에 가깝습니다. 중요한 것은 타인의 기준에 자신을 맞추는 것이 아니라, 스스로 끝까지 긍정할 수 있는 선택을 하는 일입니다. 편안함이나 옳음을 기준으로 삼기보다, 그 선택을 반복해도 삶 전체를 긍정할 수 있는가를 스스로에게 묻는 것입니다. 인정받는 삶이 아니라, 자신에게 거짓말하지 않는 삶을 살아가는 것, 그곳에서 비로소 인간은 자기 자신이 됩니다.

지금의 당신은 정말 당신 자신입니까, 아니면 타인의 기대에 맞춰 만들어진 모습입니까? 거울 속의 얼굴이 낯설게 느껴진다면, 당신은 아직 스스로를 만들어 가는 과정에 있습니다. 당신이 아닌 것들을 벗어던지십시오. 그리고 끝내, 스스로를 긍정할 수 있는 존재가 되십시오.

당신은 지금, 스스로를 만들어 가며 살고 있습니까?

말과 행동의 신중함

말은 간결해야 하고, 행동은 신중해야 한다.

다산은 말을 아꼈습니다. 유배지에서 쓴 편지들을 보면 간결하고 정확합니다. 불필요한 말이 없고, 과장된 표현도 없습니다. 말해야 할 것만 말하고, 그것도 최소한으로 말했습니다. 이것이 그의 글이 오랫동안 읽히는 이유 중 하나입니다.

말이 많으면 실수도 많아집니다. 불필요한 말을 하다가 상처를 주고, 과한 약속을 하다가 신뢰를 잃고, 말실수로 관계가 틀어집니다. 말이 많아질수록 그 말의 무게가 가벼워 보일 위험이 커집니다.

간결한 말은 힘이 있습니다. 핵심만 말하고, 군더더기를 덜어내고, 정확하게 표현합니다. 듣는 사람도 쉽게 이해하고, 오해의 여지도 줄어듭니다. 말을 아끼는 사람의 한 마디가 수다쟁이의 백 마디보다 무겁습니다.

행동은 말보다 더욱 신중해야 합니다. 말은 수정하거나 해명할 여지가 남지만, 행동은 되돌리기 어렵습니다. 한 번 저지른 일은 돌이킬 수 없고, 그 결과는 오랫동안 영향을 미칠 수 있습니다. 그래서 행동하기 전에는 깊이 생각해야 합니다.

신중하다는 것은 느리거나 우유부단하다는 뜻이 아닙니다. 그것은 결과까지 충분히 고려한다는 뜻입니다. 이 행동의 결과는 무엇인가? 다른 사람에게 어떤 영향을 미치는가? 나중에 후회하지 않을 것인가? 이런 질문들을 던진 후에 행동하는 것입니다.

말하기 전에 생각하십시오. 이 말이 꼭 필요한가? 이 말이 누군가에게 상처가 되지는 않는가? 간결하게 표현할 수 있는가?

행동하기 전에도 생각하십시오. 이것이 옳은 일인가? 결과를 감당할 수 있는가? 말과 행동의 신중함이 당신의 삶을 지킵니다.

당신에게 던지는 질문

당신은 말하고 행동하기 전에 충분히 생각하고 있나요?

나무가 되기 위한 과정

언젠가 나무가 되려면
먼저 씨앗이 땅속에 묻혀야 한다.

성장은 대개 보이지 않는 곳에서 시작됩니다. 씨앗이 땅에 묻힐 때, 그것은 죽는 것처럼 보입니다. 어둠 속에 갇히고, 빛을 잃고, 고립됩니다. 하지만 니체는 말합니다. 그 어둠이 없다면 나무는 결코 자라지 못한다고.

우리는 즉각적인 결과를 원합니다. 시도하면 바로 성과가 나오기를, 노력하면 곧바로 성공하기를 바랍니다. 하지만 진짜 성장은 그렇게 작동하지 않습니다. 땅속에서 보내는 시간, 보이지 않는 곳에서의 싸움, 침묵 속의 변화—이것이 성장의 본래 과정입니다.

땅속에 묻힌 씨앗은 외롭습니다. 아무도 그것의 투쟁을 보지 못하고, 아무도 그것의 고통을 알지 못합니다. 씨앗 스스로도 의심합니다. 과연 이 어둠을 뚫고 나갈 수 있을까? 하지만 포기하지 않는 씨앗은 결국 싹을 틔웁니다.

당신의 인생에도 그런 시기가 있습니다. 아무것도 진전되지 않는 것 같고, 노력이 헛된 것 같고, 자신이 땅속에 묻혀 썩어가는 것 같은 시기. 하지만 그때야말로 변화가 시험대에 오르는 순간입니다.

버티되, 무력하게 머무르지는 마십시오. 땅속의 시간을 견디십시오. 씨앗은 껍질을 깨고 나와야 하고, 뿌리를 내려야 하며, 흙을 뚫고 올라와야 합니다. 이 모든 과정은 고통스럽고, 그 고통을 통과할 수 있을 때에만 힘이 형성됩니다. 서두르지 마십시오. 나무는 하루아침에 자라지 않습니다.

당신이 지금 어둠 속에 있다고 해서 그것이 곧 무너짐을 뜻하지는 않습니다. 보이지 않는다고 해서 아무 일도 일어나지 않는 것도 아닙니다. 땅속 깊은 곳에서 어떤 것들은 이미 방향을 정하고 있습니다. 당신은 언젠가 나무로 설 수도 있고 끝내 그러지 못할 수도 있습니다. 그 차이는 운명이 아니라, 지금 이 시간을 어떻게 견디는가에 달려 있습니다.

당신에게 던지는 질문

당신은 지금 어떤 어둠 속에서 자라고 있나요?

독서와 실천

옛사람의 글을 읽되 그 뜻을 헤아려야 하고,
그 뜻을 헤아리되 실천해야 한다.

책을 읽는 것은 시작일 뿐입니다. 다산은 말합니다. 글자를 읽는 것이 아니라 그 뜻까지 헤아려야 한다고. 그리고 헤아린 뜻을 실천해야 한다고. 이 세 단계가 함께할 때 독서는 비로소 삶과 연결됩니다.

많은 사람들이 책을 읽지만, 대개 글자에 머뭅니다. 눈으로 훑고, 내용을 파악하고, 정보를 얻습니다. 하지만 저자의 뜻까지 충분히 헤아리지는 못하는 경우가 많습니다. 왜 이렇게 썼는가? 무엇을 말하려 했는가? 행간에 숨은 의미는 무엇인가?

뜻을 헤아리는 것은 책을 깊이 읽는 것입니다. 문장 하나하나를 곱씹고, 맥락을 파악하고, 저자의 의도를 이해합니다. 이것은 시간이 걸립니다. 빨리, 많이 읽을 수 없습니다. 하지만 이렇게 읽을 때 책은 더 깊이 당신 안으로 스며듭니다.

하지만 이해만으로도 아직 부족합니다. 마지막 단계는 실천입니다. 읽고 이해한 것을 자기 삶에 적용하는 것. 다산은 경전의 뜻을 현실 제도와 행정에 적용하려 했고, 농서를 통해 실제 농업 문제를 개선하고자 했습니다. 책은 행동으로 이어질 때 비로소 의미를 가집니다.

실천 없는 독서는 지적인 오락에 그칩니다. 재미있고, 흥미롭고, 교양을 쌓는 느낌을 주지만, 당신을 변화시키지는 못합니다. 책을 아무리 많이 읽어도 삶이 달라지지 않을 수 있습니다. 하지만 실천으로 이어지는 독서는 삶의 방향을 바꿀 수 있습니다.

책을 읽을 때 물어보십시오. 저자는 무엇을 말하려 하는가? 이것은 내 삶에 어떤 의미를 가지는가? 나는 이것을 어떻게 실천할 것인가? 이 세 질문에 답할 수 있다면, 당신은 제대로 읽은 것입니다.

당신에게 던지는 질문

당신은 읽은 것을 삶으로 옮기고 있나요?

도덕 뒤의 피

도덕은 순수한 이상이 아니라, 본능을 길들이는 고통과
그 과정에 남은 피의 흔적을 통해 형성된 역사적 산물이다.

우리는 도덕을 자명한 선으로 배웁니다. 옳고 그름, 선과
악—이 경계는 명확하고 의심할 여지가 없는 것처럼 보입니
다. 하지만 니체는 그 뒤를 들여다보라고 합니다. 도덕의 기
원을, 그것이 만들어진 과정을 살펴보라고.

많은 도덕은 본능을 억제하는 과정에서 폭력의 흔적을 남
겨 왔습니다. 욕망을 억누르고 방향을 바꾸며, 자연스러운 충
동을 다른 형태로 길들이는 과정. 그 과정은 고통스러웠고,
종종 잔인했습니다. "해야 한다"는 말 뒤에는 "하고 싶다"를
짓밟은 흔적이 있습니다. 도덕은 자연스럽지 않습니다. 인간
은 태어날 때부터 도덕적이지 않습니다. 도덕은 학습되고, 강
요되며, 서서히 내면화됩니다. 부끄러움과 죄책감, 그리고 우
리가 양심이라 부르는 감정들 대부분은 사회적 규범과 권력
이 개인의 내면으로 침투하며 형성된 산물입니다.

니체는 도덕의 폐지를 주장하지 않습니다. 다만 도덕을 절

대적인 기준으로 받아들이는 태도를 경계합니다. 그에게 도덕은 초월적 진리가 아니라, 역사 속에서 형성된 산물입니다. 오랜 시간 권력 관계 속에서 만들어지고 작동해 왔으며, 상황에 따라 서로 다른 방식으로 기능해 왔습니다. 때로는 약자의 생존 전략으로, 때로는 지배 질서를 유지하는 장치로 작동해 온 것이 바로 도덕입니다.

당신이 따르는 도덕은 정말 당신이 선택한 것입니까? 그것은 보편적 진리입니까, 아니면 특정 시대와 특정 힘의 이해관계를 반영한 것입니까? 죄책감을 느낄 때, 한 번쯤 물어보십시오. 이 죄책감은 나의 양심입니까, 아니면 오랫동안 길들여진 목소리입니까? 도덕은 때로 질서를 유지하는 데 유용할 수 있습니다. 그러나 그 도덕이 당신의 생명력을 약화시키고, 본능을 죄악으로 만들며, 욕망을 수치로 바꾼다면—그때야말로 의심해야 합니다. 도덕의 뒤에 숨겨진 피를 보십시오. 그리고 물으십시오. 이 도덕은 나를 더 살아 있게 만드는가, 아니면 나를 순응하게 만드는가?

당신에게 던지는 질문

당신을 옭아매는 도덕은, 정말 당신의 의지에서 나온 것입니까?

의와 이

군자는 의를 밝히고 소인은 이를 밝힌다.

사람은 살아가며 선택의 기로마다 기준을 드러내게 됩니다. 다산은 인간의 선택을 두 갈래로 나누어 설명합니다. 하나는 의로움을 따르는 길이고, 다른 하나는 이익을 좇는 길입니다. 그는 군자와 소인을 가르는 기준이 능력이나 신분에 있지 않다고 보았습니다. 무엇을 우선에 두는가, 그 선택의 방향이 사람을 가른다고 보았습니다. 군자는 의를 먼저 생각하고, 소인은 이익을 앞세웁니다.

군자는 먼저 옳고 그름을 따집니다. 이것이 옳은가? 이것이 정의로운가? 이것이 떳떳한가? 이익이 되더라도 옳지 않다면 물러서고, 손해가 따르더라도 옳다고 여긴다면 나아갑니다. 의로움이 판단의 기준입니다.

소인은 먼저 이익부터 따집니다. 이것이 나에게 유리한가? 이것이 돈이 되는가? 이것이 권력을 주는가? 옳은 일이라도 당장의 이익이 없으면 외면하고, 그른 일이라도 이익이 되면 택합니다. 이익이 판단의 기준입니다.

이 차이는 사소해 보이지만 삶을 갈라놓습니다. 의를 따르는 사람은 일관성이 있습니다. 상황이 바뀌어도 원칙은 변하지 않습니다. 하지만 이를 따르는 사람은 상황에 따라 쉽게 바뀝니다. 이익이 되는 쪽으로 서슴없이 방향을 틉니다.

다산 자신이 삶으로 보여줍니다. 그는 권력을 잃고 유배를 갔지만, 의를 버리지 않았습니다. 풀려나기 위해 소신을 굽히지 않았으며, 생계를 이유로 타협하지 않았습니다. 그는 끝까지 의를 기준으로 자신의 삶을 지켰습니다.

당신은 무엇을 밝힙니까? 의입니까, 이입니까? 판단할 때 먼저 무엇을 생각합니까? 이것이 옳은가, 아니면 이것이 이득이 되는가? 이 질문에 대한 답은, 당신이 어떤 기준으로 삶을 살아왔는지를 드러냅니다.

당신에게 던지는 질문

당신은 의와 이 사이에서 무엇을 택하나요?

친구 안의 적

벗 안에서 인간은 자신의 가장 강한 적을 만난다.
그 적을 마주할 때,
인간은 도망치지 않고 가장 가까운
거리에서 자기 자신을 응시한다.

우리는 친구에게 동의를 구합니다. 위로를 원하고, 공감을 바라고, 같은 편이 되어주기를 기대합니다. 하지만 니체는 말합니다. 진짜 친구는 당신에게 반대할 수 있는 힘을 가진 자라고. 당신의 약점을 외면하지 않고 그것을 시험대에 올려놓는 자라고.

편한 친구는 얼마든지 있습니다. 당신이 하는 말에 고개를 끄덕이고, 당신의 실수를 감싸주고, 당신의 변명을 받아주는 사람들. 하지만 그들은 당신이 자신을 넘어설 계기를 주지 못합니다. 오히려 당신을 현재의 모습에 머물게 합니다.

진짜 친구는 본질적으로 불편합니다. 그는 당신이 듣고 싶지 않은 진실을 말하고, 당신이 보고 싶지 않은 거울을 들이댑니다. "넌 스스로를 넘어서지 못하고 있어", "넌 지금의 자신에 안주하고 있어"—이런 말을 주고받을 수 있는 관계가 니체가 말한 우정에 가깝습니다.

적은 당신을 무너뜨리기 위해 맞서지만, 친구는 당신을 시험하기 위해 맞섭니다. 이 차이는 결정적입니다. 적은 당신이 무너지기를 바라지만, 친구는 당신이 더 나아지기를 바랍니다. 그래서 친구의 비판은 아프지만 필요합니다.

우리는 너무 쉽게 상처받습니다. 친구가 반대하면 배신감을 느끼고, 비판하면 관계를 끊어버립니다. 하지만 그것은 자기 자신을 보존하려는 본능의 반응일 수 있습니다. 니체가 말하는 강함은 반대를 통해 자신을 단련할 수 있는 능력입니다.

당신에게 그런 친구가 있습니까? 당신에게 불편한 진실을 말할 수 있는 사람? 그리고 당신은 그 사람의 말을 들을 수 있습니까? 진짜 우정은 편안함이 아니라 서로를 성장시키는 긴장입니다. 당신을 가장 진지하게 대하는 사람이 때로는 당신에게 가장 불편한 대립자가 됩니다.

당신에게 던지는 질문

당신을 불편하게 만들 만큼 진지하게 맞서 줄 친구가 있나요?

제도의 본질

제도는 사람을 위해 존재한다.
사람이 제도를 위해 존재하는 것이 아니다.

우리는 종종 제도를 절대적인 기준처럼 받아들이며 그 안에서 사람을 재단합니다. 규칙을 어기면 잘못된 사람이 되고 틀에 맞지 않으면 배제됩니다. 그러나 제도는 본래 사람의 삶을 돕기 위해 만들어진 도구일 뿐 삶 그 자체를 대신할 수는 없습니다.

제도는 삶의 편의를 위해 존재합니다. 혼란을 줄이고, 공정을 지키고, 공동의 방향을 세우기 위해 필요합니다. 하지만 제도가 목적이 되는 순간, 사람은 쉽게 수단으로 밀려납니다. 그때부터 규칙은 보호가 아니라 통제가 되고, 질서는 배려가 아닌 억압으로 바뀝니다.

사람을 보지 못하는 제도는 쉽게 경직됩니다. 상황보다 절차를 앞세우고, 맥락보다 규정을 먼저 들이밉니다. 그 안에서 고통은 설명되지 않고, 예외는 허용되지 않습니다. 제도가 살아 있으려면 그 안에서 숨 쉬는 인간의 얼굴을 잊지 않아야 합니다.

진정한 제도는 유연합니다. 모든 경우를 미리 정해두지 않고, 사람의 사정을 들을 여백을 남겨둡니다. 규칙을 지키되, 그 규칙이 왜 존재하는지를 끊임없이 되묻습니다. 그렇게 할 때 제도는 차가운 틀이 아니라, 공동체를 지탱하는 약속으로 남습니다.

또한 제도는 완성된 채로 머무르지 않습니다. 시대가 변하면 사람의 삶도 달라지고, 그에 따라 제도 역시 다시 쓰여야 합니다. 고쳐질 수 없는 제도는 이미 기능을 잃은 구조일 뿐입니다.

제도는 신뢰 위에서만 작동합니다. 강요가 아니라 공감으로 지켜질 때, 사람들은 규칙을 부담이 아닌 책임으로 받아들이게 됩니다. 그 신뢰가 무너질 때, 아무리 정교한 제도도 형식만 남은 껍데기가 됩니다.

당신에게 던지는 질문

당신이 지금 따르고 있는 그 제도는 사람을 살피고 있나요, 아니면 편의를 앞세워 사람을 부리고 있나요?

진정한 자유의 정신

진정으로 자유로운 정신은 자기 자신에 대해서도 자유롭다.

우리는 타인의 간섭에서 벗어나는 것을 자유라 여깁니다. 통제받지 않고, 방해받지 않으며, 원하는 대로 사는 상태를 자유라 부릅니다. 그러나 니체가 말한 자유는 그보다 훨씬 가혹합니다. 그는 자기 자신으로부터의 자유를 요구합니다. 어제의 신념에 머물지 않을 자유, 이미 익숙해진 자신을 필요하다면 부수고 넘어설 수 있는 자유입니다.

대부분의 사람들은 자신에게 갇혀 있습니다. "나는 원래 이런 사람이야"라는 말로 자신을 규정하고, 그 규정 안에서만 움직입니다. 과거의 경험이 현재를 지배하고, 오래된 신념이 새로운 가능성을 가로막습니다. 이것은 자유의 모습이 아닙니다. 진정한 자유는 자기 자신을 멈추지 않고 시험대에 올릴 수 있는 능력입니다. 내가 옳다고 믿어온 것이 정말 옳은가? 내가 소중하게 여겨온 가치가 정말 소중한가? 이렇게 물을 수 있을 때, 비로소 우리는 자유로워집니다.

자기 자신에 대한 자유는 변덕과 다릅니다. 그것은 유연성이면서 동시에 자신을 단련하는 강함입니다. 상황이 바뀌면 생각을 바꿀 수 있고, 새로운 정보를 얻으면 입장을 수정할 수 있고, 더 나은 길이 보이면 방향을 틀 수 있는 것. 사유 없는 고집은 강함이 아니라 경직입니다.

우리는 일관성을 미덕으로 여깁니다. 변하지 않는 것, 흔들리지 않는 것을 칭찬합니다. 하지만 니체는 묻습니다. 왜 변하면 안 됩니까? 만약 10년 전의 당신과 지금의 당신이 같은 기준에 머물러 있다면, 그것은 성장하지 않았다는 증거가 아닙니까?

자신에게도 자유로워지십시오. 과거의 당신이 한 선택에 매이지 마십시오. 어제의 믿음이 오늘도 옳다고 가정하지 마십시오. 당신은 고정된 존재가 아닙니다. 당신은 흐르는 강물입니다. 그러나 그 흐름에는 방향과 힘이 있어야 합니다. 자유는 흘러가는 것이 아니라, 스스로 흐름을 만드는 힘입니다.

당신은 자신의 신념으로부터도 스스로를 해방시킬 수 있습니까?

지혜와 인

지혜로운 자는 물을 좋아하고 인자한 자는 산을 좋아한다.

이것은 공자의 말입니다. 다산은 이 문장을 삶의 기준으로 깊이 새겼습니다. 지혜로운 사람과 인자한 사람의 기질이 다르다는 것, 그리고 그 다름이 곧 우열이 아니라 역할의 차이라는 것.

지혜로운 사람은 물과 같습니다. 상황을 읽고 방향을 바꾸며, 고정되어 있지 않고, 막히면 무리하지 않고 돌아가는 법을 압니다. 빠르게 움직이고, 낮은 곳으로 흐르고, 끊임없이 변화합니다.

인자한 사람은 산과 같습니다. 묵직하고 안정적이며, 외부의 변화에도 중심을 잃지 않습니다. 쉽게 흔들리지 않고, 오래 서 있어 사람들이 기댈 자리를 내어줍니다.

둘 다 필요합니다. 지혜만 있고 인자함이 없으면 경박해지고, 인자함만 있고 지혜가 없으면 고지식해집니다. 이상적인 사람은 물의 유연함과 산의 안정감을 모두 가진 사람입니다.

다산은 이 두 기질을 상황에 따라 오가며 사용했습니다. 유연한 사고로 시대의 변화를 읽었고물, 동시에 근본 기준에서는 물러서지 않았습니다산. 상황에 따라 길은 달라졌으나, 기준은 흐트러지지 않았습니다.

당신은 어떤 사람입니까? 물입니까, 산입니까? 유연함이 부족하다면 물에서 배우고, 안정감이 부족하다면 산에서 배우십시오. 이상적인 사람은 하나를 선택하는 사람이 아니라, 상황에 맞게 물과 산을 오갈 수 있는 사람입니다.

당신에게 던지는 질문

당신은 물처럼 유연하면서 산처럼 안정적인가요?

건너가는 존재

인간은 도착점이 아니다.
인간은 동물과 초인 사이에 걸려 있는,
하나의 다리이자 밧줄이다.

우리는 종종 인간을 하나의 최종 목적지처럼 여겨 왔습니다. 진화의 정점이자, 창조의 완성이라는 식으로 말입니다. 그러나 니체는 이 확신을 근본에서 흔듭니다. 인간은 완성이 아니라 과정이며, 도착이 아니라 통과라고 말합니다.

다리는 건너가기 위해 존재합니다. 그 위에 머무르기 위한 것이 아닙니다. 인간도 마찬가지입니다. 우리는 무언가를 향해 가는 중입니다. 니체는 그 방향을 '초인'이라는 이름으로 부릅니다. 분명한 사실은 여기가 끝이 아니라는 것입니다.

동물과 초인 사이에 걸쳐진 밧줄—이 비유는 불안을 전제로 합니다. 밧줄은 흔들리고, 아래는 심연입니다. 균형을 잃으면 떨어집니다. 하지만 그것이 인간의 조건입니다. 인간은 본래 안전하지 않은 존재입니다. 우리는 위험 속에 있습니다.

대부분의 사람들은 이 사실을 외면합니다. 밧줄 위에서 멈춰 서면 안전해질 수 있다고 믿기 때문입니다. 그러나 밧줄 위에는 안주할 자리가 없습니다. 걷는다는 행위 자체가 이미 위험을 감수하는 선택이며, 그 움직임을 멈추는 순간 인간은 더 이상 자신을 유지하지 못합니다. 그때 일어나는 것은 단순한 추락이 아니라, 스스로를 만들어 가던 긴장이 풀리며 존재가 무너지는 일입니다.

인간을 하나의 최종 가치로 고정시키는 태도야말로 니체가 경계한 사고방식입니다. 인간은 완성된 결과가 아니라, 아직 닫히지 않은 과정에 가깝습니다. 우리 앞에는 극복해야 할 것들이 있고, 넘어가야 할 경계들이 남아 있습니다. 인간이라는 단계에 안주하는 순간, 더 나아가려는 힘은 그 자리에서 멈추게 됩니다.

당신은 다리 위에 서 있습니다. 뒤로 갈 수도 없고, 그 자리에 머물 수도 없습니다. 앞으로 가는 것만이 유일한 길입니다. 두려움을 없애려 하지 마십시오. 니체에게 두려움은 넘어야 할 출발점입니다.

당신에게 던지는 질문

당신은 어디를 향해 건너가고 있나요?

진리의 발견

아침에 도를 들으면 저녁에 죽어도 좋다.

진리를 깨닫는 것은 삶의 목적일 수 있습니다. 다산은 이 구절을 통해 진리가 지닌 삶을 압도하는 무게를 말합니다. 진리를 알게 된다면, 그 순간 삶을 마쳐도 후회가 없을 만큼 귀한 것이라고.

우리는 많은 것을 추구합니다. 돈, 명예, 권력, 쾌락. 하지만 그것들은 우리를 진정으로 만족시키지 못합니다. 얻어도 더 원하게 되고, 가져도 공허하고, 이루어도 행복하지 않습니다. 왜냐하면 그것들은 삶을 지탱하는 근원이 아니기 때문입니다.

도, 즉 진리는 다릅니다. 그것은 삶의 의미를 알려주고, 방향을 제시하고, 혼란 속에서 명료함을 줍니다. 진리를 아는 사람은 적어도 무엇 때문에 방황하는지는 압니다. 무엇을 위해 살아야 하는지, 어떻게 살아야 하는지 압니다.

"아침에 도를 들으면 저녁에 죽어도 좋다"—이것은 과장이 아닙니다. 진리를 깨달은 사람은 삶의 가장 중요한 것을 얻은 것입니다. 그 이후의 시간은 보너스처럼 주어진 시간입니다. 이미 삶의 핵심을 경험했기에, 언제 떠나도 후회가 없습니다.

다산은 유배지에서도 도를 놓지 않았습니다. 권력도, 자유도, 앞날의 보장도 없었지만 그는 학문과 성찰을 멈추지 않았습니다. 그가 의지한 것은 외부의 조건이 아니라, 스스로 세운 마음의 기준이었습니다.

당신은 무엇을 추구합니까? 세속적 성공입니까, 아니면 진리입니까? 죽음 앞에서도 후회하지 않을 간큼 귀한 것을 추구하고 있습니까? 진리를 묻고, 찾고, 붙잡아 보십시오. 그것만이 시간 앞에서도 사라지지 않는 만족을 남깁니다.

당신에게 던지는 질문

당신이 평생 추구할 만한 가치는 무엇인가요?

믿음의 위험

확신으로 굳어진 믿음은 진리를 향한 사유를 가로막는다.

진리는 우리를 불편하게 만듭니다. 그것은 우리의 기대를 배신하고, 우리의 소망을 깨뜨립니다. 그래서 우리는 불편한 진리 대신, 스스로를 안심시키는 믿음에 기대려 합니다. 편안하고, 확실하며, 의심할 필요가 없다고 느껴지는 믿음을.

믿음은 강력합니다. 그것은 증거를 필요로 하지 않고, 논리를 초월하고, 모든 반론을 무시합니다. "나는 믿는다"는 말 앞에서 모든 대화는 멈춥니다. 더 이상 묻지 않고, 더 이상 의심하지 않습니다.

하지만 바로 그것이 위험입니다. 믿음은 탐구를 멈추게 합니다. 답을 이미 가졌다고 생각하는 자는 더 이상 질문하지 않습니다. 믿음은 편안하지만, 그 편안함은 정체입니다. 니체에게 성장은 의심을 견디고 통과하는 힘에서 시작됩니다.

니체는 역사 속에서 확신이 어떻게 폭력으로 굳어지는지를 보았습니다. 얼마나 많은 잔혹함이 신앙의 이름으로 자행되었습니까? 얼마나 많은 진리가 믿음의 이름으로 억압되었습니까? 믿는 자는 두려워하지 않습니다. 오히려 너무 확신하기 때문에 위험해집니다.

니체의 관심은 신의 존재 여부에 있지 않았습니다. 그가 문제 삼은 것은 확신으로 굳어진 신앙이 인간을 어떻게 약화시키는가였습니다. 그래서 그는 신앙 그 자체보다 맹신의 상태를 경계했습니다. 의심 없는 믿음, 질문 없는 확신, 증거 없는 단정—이것들은 진리보다 더 위험합니다. 진리를 향한 사유는 언제나 검증과 수정의 가능성을 열어두지만, 맹신은 스스로를 검증의 대상에서 제외하기 때문입니다.

당신이 강하게 믿는 것이 있다면, 한 번쯤 의심해보십시오. "만약 이것이 틀렸다면?"이라고 물어보십시오. 흔들리지 않는 믿음은 강함이 아닙니다. 그것은 경직입니다. 니체가 말하는 강함은 자기 믿음마저 시험대에 올릴 수 있는 힘입니다. 니체라면 이렇게 묻습니다. "당신의 믿음은 진리를 견딜 만큼 강한가?"

당신에게 던지는 질문

당신의 믿음은 의심을 견딜 수 있나요?

가난과 부의 진실

가난해도 도를 지키면 즐겁고, 부유해도 도를 잃으면 괴롭다.

다산은 이것을 삶 전체로 체험했습니다. 젊은 시절 그는 관직에 있었고, 비교적 풍족했습니다. 하지만 유배를 가서 극심한 가난을 겪었습니다. 그럼에도 그는 말합니다. 가난해도 도를 지키면 즐겁다고.

가난 자체가 불행은 아닙니다. 문제는 가난 그 자체가 아니라, 그 가난 앞에서 도를 잃는 일입니다. 돈이 없어서 원칙을 버리고, 가난해서 양심을 팔고, 궁핍해서 품위를 잃는다면, 그때 진짜 불행이 시작됩니다. 가난은 외부 조건이지만, 도를 잃는 것은 사람을 안에서부터 무너뜨리는 일입니다.

반대로 부유함도 행복을 보장하지 않습니다. 돈은 많지만 부정한 방법으로 얻었다면, 편안할 수 없습니다. 부자지만 탐욕스럽고, 권력이 있지만 부패했다면 그 사람은 겉으로는 풍족해 보여도 내면에서는 끊임없이 괴롭습니다. 물질적 풍요가 정신적 평화를 주지 못합니다.

진정한 기쁨은 외부 조건이 아니라 내면의 기준이 무너지지 않은 상태에서 옵니다. 도를 지키는 사람은 가난해도 떳떳하고, 어려워도 당당하고, 궁핍해도 평온합니다. 왜냐하면 그는 삶을 지탱하는 기준을 잃지 않았기 때문입니다.

다산은 유배지에서 가난했지만 글을 쓸 수 있었고, 자식들을 가르칠 수 있었고, 학문을 할 수 있었습니다. 그는 도를 지켰고, 그래서 삶의 중심이 무너지지 않았습니다. 오히려 그 시기는 그의 가장 위대한 업적이 형성된 시간이었습니다.

가난을 두려워하지 마십시오. 가난보다 무서운 것은 도를 잃는 것입니다. 부를 추구하되, 도를 버리면서까지 추구하지 마십시오. 가난해도 떳떳한 삶이 부유하지만 스스로를 부끄러워해야 하는 삶보다 낫습니다.

당신에게 던지는 질문

당신은 가난 앞에서도 지킬 수 있는 도가 있나요?

사실과 해석

사실이란 없다. 오직 해석만이 있을 뿐이다.

우리는 객관적 사실을 믿습니다. 눈으로 본 것, 귀로 들은 것, 손으로 만진 것—이것들은 의심할 수 없는 현실이라고 생각합니다. 하지만 니체는 도발합니다. 사실이란 해석으로부터 완전히 분리된 형태로는 존재하지 않으며, 우리가 만나는 세계는 언제나 해석을 거친 세계라고.

같은 사건을 두고 사람들은 다르게 말합니다. 누군가에게는 기회였던 것이 다른 이에게는 위기입니다. 누군가에게는 배신이었던 것이 다른 이에게는 해방입니다. 무엇이 진짜 사실입니까? 니체라면 이렇게 답할 것입니다. 그것들은 서로 다른 해석이라고.

우리가 보는 것은 세계 그 자체가 아닙니다. 각자의 관점으로 해석된 세계입니다. 우리의 경험, 가치관, 욕망, 두려움—이 모든 것이 렌즈가 되어 현실을 왜곡합니다. 해석에서 완전히 자유로운 사실은 존재하지 않습니다. 존재하는 것은 서로 다른 해석들뿐입니다.

이것은 모든 해석을 동일하게 취급하는 상대주의와는 다릅니다. 니체는 모든 해석이 동등하다고 말하지 않습니다. 어떤 해석은 더 풍부하고, 어떤 해석은 더 생산적입니다. 중요한 것은 자신의 해석을 유일한 사실로 착각하지 않는 것입니다.

당신이 옳다고 확신하는 것들을 돌아보십시오. 그것은 정말 사실입니까, 아니면 당신의 해석입니까? 타인과 의견이 다를 때, 그가 틀렸다고 단정하기 전에 물어보십시오. 혹시 그는 다른 각도에서 보고 있는 것은 아닌가?

세계는 다면체입니다. 어느 면을 보느냐에 따라 완전히 다른 모습을 드러냅니다. 자신의 관점을 절대화하지 마십시오. 해석은 단일하지 않습니다. 그리고 그 다양함 속에서 인간은 사유의 여지를 얻습니다.

당신에게 던지는 질문

당신의 진실은 정말 사실인가요, 아니면 해석인가요?

효의 확장

효도는 부모를 섬기는 것에서 시작하여
나라를 섬기는 것으로 끝난다.

효는 부모에게만 머무는 덕목이 아닙니다. 다산은 말합니다. 효는 부모에서 시작하지만, 거기서 멈추지 않고 확장되어야 한다고.

부모를 잘 섬기는 사람은 다른 사람도 잘 대합니다. 왜냐하면 효는 단순히 부모 공경이 아니라 어른을 존중하고, 은혜를 기억하고, 책임을 스스로 떠안는 삶의 태도이기 때문입니다. 이 태도는 가정을 넘어 사회로 확장됩니다.

나라를 섬기는 것도 넓은 의미의 효입니다. 나라는 공동의 질서를 만들고, 삶의 터전을 유지하게 하는 공동체입니다. 그 은혜에 보답하는 것이 공직자의 효이자, 시민으로서의 효입니다. 개인의 효가 공공의 효로 확장되는 것입니다.

다산 자신이 이것을 보여줍니다. 그는 부모에게 지극한 효자였고, 동시에 나라와 백성을 위해 헌신했습니다. 『목민심서』, 『경세유표』—이 책들은 나라를 섬기는 구체적인 기준과 방법을 담은 것입니다. 부모를 사랑하는 마음을 백성을 사랑하는 마음으로 확장한 것입니다.

효는 사적인 덕목이 아닙니다. 공적 윤리가 형성되는 가장 현실적인 출발점입니다. 가정에서 효를 배운 사람은 사회에서도 책임감 있게 행동합니다. 부모를 존중하는 사람은 어른을 공경하고, 은혜를 아는 사람은 사회에 기여합니다.

현대 사회는 효를 낡은 가치로 여기기도 합니다. 하지만 다산이 말하는 효는 시대를 초월합니다. 그것은 맹목적 복종이 아니라 관계 속에서 맡은 역할을 외면하지 않는 책임이고, 은혜에 대한 보답이며, 사랑의 실천입니다. 이것은 언제나 필요한 가치입니다.

부모를 섬기십시오. 하지만 거기서 멈추지 마십시오. 그 마음을 확장하십시오. 이웃에게, 사회에, 나라에. 효는 작은 관계에서 시작하지만, 더 넓은 책임으로 완성됩니다. 개인의 효가 공동체의 윤리를 바꾸고, 결국 세상의 결을 바꿉니다.

당신에게 던지는 질문

당신의 효는 가족을 넘어서 어떤 책임으로 사회 안에서 드러나고 있습니까?

예술이 주는 구원

우리는 진실로 인해 파멸하지 않기 위해 예술을 가지고 있다.

진실은 늘 인간에게 친절한 것은 아닙니다. 삶은 스스로 의미를 드러내지 않고, 세계는 우리의 기대에 응답하지 않습니다. 이 사실을 끝까지 끌어안으려 할 때, 인간은 쉽게 삶을 부정하게 됩니다.

니체는 그래서 예술을 말합니다. 인간이 진실 앞에서 파멸하지 않기 위해 필요한 것이 예술이라고. 예술은 진실을 가리는 속임수가 아니라, 진실을 견디도록 삶을 재구성하는 힘입니다.

예술은 현실로부터 달아나는 도피가 아니라, 현실을 감당하기 위한 적극적인 형식화입니다. 니체에게 예술은 진실을 알고도 삶을 포기하지 않기 위해 인간이 만들어낸 힘이었습니다. 세계가 약속해 주지 않는 의미를 끌어안은 채 살아가게 만드는 것. 그 역할을 예술이 맡습니다.

진실을 끝까지 밀어붙여 생각하면 세계는 우리에게 아무 의미도 보장해 주지 않는 것처럼 보입니다. 그러나 예술은 설명하지 않고, 보여 줍니다. 그럼에도 삶은 긍정될 수 있다고.

이 대답은 논리적이지 않습니다. 하지만 필요합니다. 인간은 순전히 이성만으로는 살아갈 수 없는 존재이기 때문입니다. 우리는 세계를 해석하고, 의미를 만들어내는 능력을 필요로 합니다.

베토벤의 교향곡은 우주의 법칙을 바꾸지 못합니다. 세계의 구조를 설명하지도 않습니다. 그러나 그것을 듣는 순간, 우리는 삶이 무의미하지만은 않다고 느낍니다. 그 느낌이 환상이라 해도, 니체에게 중요한 것은 그것이 삶을 강화하는가입니다.

니체에게 예술가는 진실을 설명하는 철학자보다, 삶을 긍정하는 존재에 가깝습니다. 진실은 인간을 무너뜨릴 수 있지만, 예술은 그 무너짐 속에서도 삶을 다시 긍정하게 만듭니다.

당신에게 던지는 질문

진실을 외면하지 않으면서도 삶을 계속 살아가게 만드는 당신만의 형식은 무엇인가요?

의심과 맹신

지혜로운 자는 의심하고, 어리석은 자는 맹신한다.

다산은 평생 의심하는 태도를 취했습니다. 전통적 해석을, 권위 있는 주석을, 심지어 성현의 말씀이라 여겨지던 것까지도. 그래서 그는 기존 해석을 넘어서는 사유에 도달할 수 있었고, 독창적 사상을 전개할 수 있었습니다. 의심은 그의 사유를 확장시켜 그를 위대한 학자로 만들었습니다.

의심은 지혜가 시작되는 지점입니다. "정말 그럴까?", "다른 가능성은 없을까?"—이런 질문을 던지는 사람만이 진리에 접근할 가능성을 가집니다. 주어진 답을 그대로 받아들이는 사람은 결코 새로운 것을 발견하지 못합니다.

반대로 맹신은 사고를 멈추게 합니다. "이것이 진리다", "의심해서는 안 된다"—이렇게 생각하는 순간, 사유의 성장은 즉시 멈춥니다. 맹신은 잠시의 안도감을 줄 수 있지만, 그만큼 진실로부터는 멀어지게 만듭니다.

어리석은 사람은 확실함을 원합니다. 의심 없는 확신, 질문 없는 답, 흔들림 없는 신념. 하지만 그것은 검증을 거치지 않은 안도감에 불과한 확실함입니다. 진짜 확실함은 의심이라는 과정을 통과한 뒤에야 성립합니다. 모든 가능성을 검토하고, 모든 반론을 고려한 후의 결론만이 진짜 확신입니다.

다산은 의심했기에 사유에서 자유로울 수 있었습니다. 그는 권위에 눌리지 않았고, 전통에 얽매이지 않았으며, 다수의 의견에 휩쓸리지 않았습니다. 스스로 생각하고, 스스로 판단하고, 스스로 결론 내렸습니다.

의심하는 것을 두려워하지 마십시오. 당신이 믿는 것을 점검하십시오. 만약 그것이 진리라면, 의심 속에서도 무너지지 않을 것입니다. 만약 무너진다면, 그것은 처음부터 진리라고 부를 수 없는 것이었습니다. 지혜로운 사람은 맹신하지 않습니다. 의심하고, 검증하고, 그다음에야 믿습니다.

당신에게 던지는 질문

당신은 당신이 확신하고 있는 믿음을 의심해본 적이 있나요?

체계에 대한 불신

나는 모든 체계주의자들을 불신한다.
체계는 사유의 정직함이라기보다,
불안을 감추기 위해 만들어진 장치에 가깝다.

세상을 하나의 체계로 설명하려는 시도는 언제나 매혹적입니다. 모든 것이 들어맞고, 예외마저 규칙 안에 흡수되는 구조는 인간에게 안정감을 줍니다. 그러나 니체는 바로 그 지점에서 경고합니다. 그런 체계는 현실을 단순화하고 고정하며, 그것을 완결된 설명으로 믿는 순간 사유의 정직성은 서서히 사라진다고 말합니다.

삶은 체계로 담기에는 너무나 복잡합니다. 모순되고 혼란스러우며 예측할 수 없습니다. 하지만 우리는 그 복잡함을 오래 견디지 못합니다. 그래서 체계를 만들고, 그 안에 맞지 않는 것들은 잘라냅니다. 설명되지 않는 것들은 외면해 버립니다. 체계는 세계를 이해하기 위한 도구처럼 보이지만, 동시에 세계가 주는 불안을 일시적으로 정돈해 두기 위한 장치이기도 합니다.

철학은 종종 완결된 체계를 세우려 하고, 신학은 모든 사건을 하나의 섭리로 묶으려 하며, 일부 사유는 법칙으로 세계 전체를 포획할 수 있다고 믿으려 합니다. 니체는 묻습니다. 그것이 정말 세계를 더 깊이 이해하게 만드는 것인지, 아니면 세계를 통제할 수 있다고 믿고 싶은 욕망의 표현인지 말입니다.

체계를 만드는 일은 세계를 지배하려는 음모라기보다, 세계가 관리 가능하다고 믿고 싶어 하는 인간의 심리에서 비롯됩니다. 그러나 세계는 끝내 그런 기대에 완전히 응답하지 않습니다. 체계에 맞지 않는 사건들과 그로 인한 균열은 계속해서 나타납니다.

니체에게 정직한 사유란 자신의 생각을 하나의 완결된 체계로 고정시키지 않고, 언제든 수정과 붕괴의 가능성 속에 두는 태도에 가깝습니다. 그는 단편을 남기고, 모순과 불확실함을 회피하지 않습니다. 이것은 사유의 약함이 아니라, 세계의 복잡함을 견디려는 강함입니다. 우리가 어떤 체계 안에서 세상을 보고 있는지 돌아볼 필요가 있습니다.

당신은 어떤 체계에 기대어 세상을 보고 있나요?

선비의 책 읽기

선비가 세 끼를 굶더라도 책을 손에서 놓아서는 안 된다.

다산은 유배지에서 생활을 위협할 만큼의 가난을 겪었습니다. 먹을 것이 없어 굶기도 했고, 추위에 떨기도 했습니다. 하지만 그는 책을 손에서 놓지 않았습니다. 아무리 배가 고파도, 아무리 힘들어도, 매일 책을 읽고 글을 썼습니다.

책은 선비의 정신을 살리는 생명선입니다. 다산에게 책을 놓는다는 것은 사유하는 인간으로서의 자신을 포기하는 것과 같았습니다. 외부 조건이 아무리 열악해도, 내면의 세계는 지킬 수 있습니다. 책을 읽는 한, 정신은 자유롭고, 영혼은 살아 있습니다.

정약용은 유배지에서도 읽었고, 감옥에서도 썼습니다. 조건이 좋아서가 아니었습니다. 그럼에도 우리는 책을 너무 쉽게 포기합니다. 바쁘다는 이유로, 피곤하다는 이유로, 여유가 없다는 이유로 책을 내려놓습니다. 그러나 그것은 대부분 스스로를 설득하기 위한 핑계에 가깝습니다. 시간이 없어서가 아니라, 책이 우선순위에서 밀려났기 때문입니다.

책을 읽지 않으면 정신이 굶주립니다. 몸이 음식을 필요로 하듯이, 정신도 양식을 필요로 합니다. 책을 읽지 않는 사람은 정신적으로 영양실조에 걸립니다. 생각이 얕아지고, 시야가 좁아지고, 판단력이 점점 흐려집니다.

선비는 배움을 멈추지 않는 사람입니다. 평생 배우고, 평생 성장하는 사람입니다. 그 길을 멈추는 순간, 선비가 아니게 됩니다. 세 끼를 굶을지언정 책은 놓지 마십시오. 몸의 굶주림은 일시적이지만, 정신의 굶주림은 영혼을 죽입니다.

책을 다시 드십시오. 바쁘더라도, 피곤하더라도, 하루에 한 페이지라도 읽으십시오. 그것이 당신의 정신을 살립니다. 다산처럼, 어떤 상황에서도 책을 놓지 마십시오.

당신에게 던지는 질문

당신은 마지막으로 책 앞에 오래 머문 것이 언제인가요?

나무의 뿌리

나무가 더 높이 자라고자 할수록 그 뿌리는 더 깊은 곳,
빛이 닿지 않는 영역까지 내려가야 한다.

우리는 빛만을 추구합니다. 선함, 고귀함, 순수함―위로만 올라가려 합니다. 하지만 니체는 말합니다. 높이 올라가려면 그만큼 깊이 내려가야 한다고. 빛을 말할 수 있으려면 어둠을 제거하려 하기보다 그것이 자신의 일부임을 견딜 수 있어야 한다고. 나무를 보십시오. 가지가 하늘로 뻗는 만큼, 뿌리는 땅속으로 파고듭니다. 균형입니다. 한쪽만 자랄 수는 없습니다. 뿌리 없는 나무는 첫 번째 바람에 쓰러집니다. 마찬가지로 자신의 어두운 충동과 힘을 의식하지 못한 사람은 그것이 예기치 않은 방식으로 모습을 드러낼 때 스스로를 통제하지 못하게 됩니다.

우리는 자신의 어두운 면을 부정합니다. 분노, 질투, 욕망, 폭력성―이런 것들은 없는 척, 느끼지 않는 척합니다. 하지만 부정한다고 사라지지 않습니다. 오히려 억압된 충동과 힘은

사라지지 않고 다른 모습으로 우회하여 작동하게 됩니다.

위대한 사람들은 자신의 어둠을 정면으로 인식하고 있습니다. 그들은 그것을 숨기지 않고, 자기 안에 통합합니다. 분노를 에너지로, 욕망을 동력으로, 어둠을 창조의 힘으로 바꿉니다. 선한 사람이 위대한 것이 아니라, 자기 안의 파괴적 충동과 어두운 힘을 부정하지 않고 그것을 삶의 창조적 에너지로 전환할 수 있는 사람이 니체가 말한 강한 인간에 가깝습니다.

깊이 없는 높이는 결국 허상에 불과합니다. 겉으로는 고귀해 보이지만 속은 텅 비어 있습니다. 진짜 강함은 자기 전체를 견디는 데 있습니다. 빛과 어둠, 선과 악, 순수함과 더러움—그 어느 것도 떼어내지 않은 채, 그것이 곧 자기 자신임을 감당하는 일입니다.

당신의 뿌리는 어디까지 내려가 있습니까? 당신은 자신의 어둠을 인정합니까? 니체는 어둠을 없애라고 말하지 않습니다. 빛만 보며 자신을 규정하려는 태도가 오히려 약하다고 말합니다. 자기 안의 어두운 힘과 충동을 감당할 수 있을 때, 인간은 자신을 넘어서는 삶의 긴장 속에 들어섭니다.

당신은 자기 안의 어둠까지 견디며 살아갈 수 있습니까?

맞춤형 교육

가르침은 배우는 이의 재능을 살펴,
그에 맞게 이루어져야 한다.

다산은 이 원칙을 자녀 교육 전반에 걸쳐 일관되게 적용했습니다. 자식들의 성격과 재능이 제각기 달랐기에 같은 방식으로 가르치지 않았습니다. 남긴 편지들에서 다산은 아들들의 기질을 살펴, 각자에게 맞는 조언과 공부의 길을 따로 일러 주었습니다.

모든 사람은 다릅니다. 배우는 속도도, 관심사도, 강점도 다릅니다. 하지만 획일적 교육은 이 차이를 무시합니다. 모두에게 같은 것을 같은 방식으로 가르치려 합니다. 그래서 어떤 학생은 좌절하고, 어떤 학생은 지루해합니다.

진정한 가르침은 사람을 먼저 이해하려는 시도에서 시작됩니다. 이 사람의 강점은 무엇인가? 어떤 방식으로 배울 때 가장 효과적인가? 지금 이 사람에게 가장 먼저 필요한 배움은 무엇인가? 이런 질문들에 답한 후에, 그 사람에게 맞는 가르침이 이루어져야 합니다.

획일적 교육은 쉽습니다. 하지만 효과적이지 않습니다. 맞춤형 교육은 어렵습니다. 각 학생을 이해해야 하고, 각자에게 맞는 방법을 찾아야 하며, 더 많은 시간과 노력이 필요합니다. 하지만 그것만이 배움을 실제로 작동하게 만드는 교육입니다.

다산은 자식들에게 편지로 가르쳤습니다. 각 아들의 성격과 상황을 고려해서 맞춤형 조언을 했습니다. 그래서 그의 아들들은 각자의 길에서 각자의 방식으로 훌륭하게 성장할 수 있었습니다.

가르칠 때 먼저 학생을 보십시오. 교재나 커리큘럼이 아니라, 먼저 사람을 보십시오. 그리고 그 사람에게 맞는 방법을 찾으십시오. 천 명의 학생이 있으면 적어도 천 가지 접근 방식이 필요합니다. 그것이 진정한 교육입니다.

당신에게 던지는 질문

당신은 가르칠 때, 상대의 차이를 헤아리고 있습니까?

인간의 잔인함

인간은 잔인함을 정당화하며 즐길 수 있는 존재다.
인간은 비극과 투우, 십자가 처형의 장면 앞에서
오히려 설명하기 어려운 편안함을 느껴왔다.

우리는 스스로를 문명화된 존재로 여깁니다. 동물과 다르다고, 이성적이고 도덕적이라고 믿습니다. 하지만 니체는 불편한 진실을 드러냅니다. 인간은 다른 동물들과 달리 타인의 고통을 의미와 이야기로 포장하며 그것을 정당화한 채 즐길 수 있는 존재라고 말합니다.

역사를 보십시오. 콜로세움에서 사람들은 환호하며 검투사의 죽음을 지켜봤고, 광장에서는 공개 처형이 도덕과 질서의 이름으로 집행되었습니다. 그 장면은 공포와 혐오 속에서도, 많은 이들을 붙잡아 두는 힘을 가졌습니다.

현대도 본질적으로 다르지 않습니다. 우리는 뉴스로 재난을 접하고, 영화로 폭력을 바라보며, SNS를 통해 타인의 추락을 관람자의 위치에서 소비합니다. 감정은 달라졌을지 모르지만, 타인의 파국을 바라보는 구조 자체는 여전히 반복되고 있습니다.

니체는 인간의 잔인함이 문화와 도덕을 통해 길들여졌을 뿐 사라지지 않았다고 봅니다. 타인의 고통은 자신이 그 자리에 있지 않다는 안도감과 함께 자신이 더 나은 위치에 있다는 감각을 만들어냅니다. 잔인함은 그렇게 은밀한 쾌락으로 작동합니다. 우리는 이것을 인정하지 않으려 합니다. 잔인함을 정의의 이름으로 포장하고, 폭력을 필요의 이름으로 정당화합니다. 그러나 잠시만 스스로에게 물어보십시오. 당신은 타인의 실패를 보며 안도한 적이 없습니까? 누군가의 추락을 보며 마음 한편이 가벼워진 적은 없습니까?

인간의 잔인함을 끝까지 부정하는 것은 위선에 가깝습니다. 니체에게 중요한 것은 그것을 통제하겠다는 선언이 아니라, 우리 안에 그런 충동이 있음을 자각함으로써 그것이 도덕과 정의의 가면 뒤에서 은밀하게 작동하지 않도록 만드는 일입니다. 인간은 잔인한 동물입니다. 그러나 그 사실을 자각하는 인간만이 자신의 잔인함을 경계할 수 있습니다.

당신에게 던지는 질문

당신은 타인의 고통에서 은밀한 쾌감을 느낀 적이 있나요?

말보다 행동

군자는 말을 앞세우지 않고 행동을 앞세운다.

말하기는 쉽습니다. 아름답게 표현하고, 그럴듯하게 설명하고, 감동적으로 연설할 수 있습니다. 하지만 다산은 말합니다. 군자는 말이 아니라 행동으로 먼저 증명한다고.

말과 행동 사이의 간극이 그 사람이 무엇을 감당할 수 있는지를 드러냅니다.

말만 앞세우는 사람은 믿을 수 없습니다. 그들은 약속은 잘하지만 지키지 않고, 계획은 거창하지만 실행하지 않으며, 이상은 높지만 현실은 초라합니다.

군자는 반대입니다. 먼저 행동하고, 필요할 때만 말합니다. 실천한 뒤에 설명하고, 이룬 뒤에 말하며, 해낸 뒤에 비로소 이야기합니다. 그의 말이 무거운 이유는, 말보다 먼저 행동이 있었기 때문입니다.

다산이 그랬습니다. 그는 거창한 이론만 펼친 사람이 아니라, 삶으로 기준을 먼저 세우고 실천한 사람이었습니다. 관리로 있을 때 백성을 위해 일했고, 유배지에 가서도 학문을 현실의 문제에 적용하며 실천을 멈추지 않았습니다. 그래서 그의 책은 공허한 주장이 아니라, 경험에서 길어 올린 지혜가 되었습니다.

말하기 전에 행동하십시오. 약속하기 전에 감당할 수 있는지 돌아보십시오. 이상을 말하기 전에 현실에서 먼저 실천하십시오. 말은 행동을 따라갈 때 힘을 갖습니다. 행동 없는 말은 결국 책임지지 않는 소음으로 사라집니다.

당신에게 던지는 질문

당신은 말한 것을 끝까지 행동으로 실천하고 있나요?

선의 기원

선은 처음부터 선이 아니었다.
독창성은 한때 죄악이라 불리던 자리에서 태어났다.

니체에게 중요한 것은 선과 악이 단순히 변한다는 사실이 아니라, 누가 어떤 힘의 위치에서 그것을 선과 악이라고 명명했는가입니다. 오늘 선한 것으로 여겨지는 것들 가운데 상당수는 과거에 기존 질서와 권력을 위협한다는 이유로 악이나 일탈로 불렸습니다. 니체가 말하는 변화란 금기를 깨는 행위라기보다는 도덕의 기준이 누구에게 유리했는지를 묻는 데서 시작됩니다.

과학적 탐구는 한때 신성모독이었고, 개인의 자유는 반역이었으며, 여성의 권리는 자연에 대한 도전으로 여겨졌습니다. 지금 당연하게 받아들이는 많은 가치들은 과거에 죄악이나 일탈이라는 이름으로 불렸습니다.

선은 처음부터 선이 아니었습니다. 충돌과 저항 속에서 우세해진 해석이 선이라는 이름으로 굳어졌고, 그 과정에서 누군가는 비난과 박해를 감수해야 했습니다. 시간이 지나 새로운 가치의 기준이 자리 잡자, 어제의 이단은 정통이라는 이름을 얻게 됩니다.

니체에게 독창성이란 규칙을 무시하는 것이 아니라 기존의 기준을 절대적인 것으로 받아들이지 않는 힘에서 비롯됩니다. 새로운 것은 그런 자리에서 등장하며, 처음에는 종종 죄악으로 불립니다.

이것은 모든 악이 결국 선이 된다는 뜻이 아닙니다. 선과 악이라는 기준이 역사 속에서 형성되고 유지되며 재편되어 왔다는 뜻입니다. 니체는 선이 처음부터 옳았던 것이 아니라, 어느 순간 옳다고 불리며 유지되어온 해석이라는 점을 보여줍니다. 그리고 오늘 죄악이라 불리는 것이 다른 힘의 질서에서는 미덕으로 다시 불려온 일도 역사 속에서 반복되어왔다는 사실을 드러냅니다.

당신에게 던지는 질문

당신이 악하다고 여기는 것은, 다른 힘의 질서에서는 다르게 불릴 수도 있지 않을까요?

실천을 통한 검증

세상의 이치는 실천을 통해 검증되어야 한다.

다산은 실학자였습니다. 그에게 이론은 반드시 실천으로 옮겨져야 할 대상이었습니다. 아무리 완벽한 이론도 실제로 작동하지 않으면 삶에서 의미를 갖기 어렵습니다. 반대로 이론적으로 불완전해도 실제로 효과가 있으면 검토할 가치가 있는 것입니다.

책 속의 지식은 아직 검증되지 않은 지식일 수 있습니다. 누군가 그렇게 말했다고, 책에 그렇게 쓰여 있다고 해서 진리는 아닙니다. 진리는 현실에서의 실천을 통해 증명되어야 합니다. 해봤을 때 작동하는 것만이 살아 있는 지식입니다.

다산은 자신이 제안한 것들을 직접 시험했습니다. 농법을 개선할 때도 직접 시험했고, 제도를 제안할 때도 실제 효과를 검증했습니다. 『목민심서』의 내용은 그가 관리로 일하며 직접 적용해본 것들입니다. 이론이 아니라 현장에서 축적된 경험입니다.

실천 없는 학문은 공허해지기 쉽습니다. 아무리 박식해도, 아무리 논리정연해도 실제 삶에 닿지 않으면 현실에서 힘을 발휘하지 못합니다. 학문은 삶에 쓰이기 위해 있는 것이지, 삶을 학문에 맞추기 위해 있는 것이 아닙니다.

당신이 배운 것을 실천해보십시오. 이론이 현실에서 작동하는지 확인하십시오. 만약 작동하지 않는다면, 이론이 틀렸거나 적용 방법이 잘못된 것입니다. 수정하고, 다시 시도하고, 그 결과를 다시 검증하십시오. 실천을 통과하지 못한 지식은 아직 지식이라 부르기 어렵습니다.

당신에게 던지는 질문

당신이 안다고 말해 온 것들 중, 삶에서 직접 확인해 본 것은 무엇입니까?

자기 사랑의 기술

그대는 자신을 사랑한다는 말이
안락함이 아니라 부담을 요구한다는 것을 배워야 한다.

우리는 타인과의 관계 속에서 자신을 규정하려 하지만 니체는 묻습니다. 자기 자신과의 관계를 끝까지 감당하지 못하는 자가 어떻게 타인 앞에서 자기 자신으로 설 수 있겠느냐고. 그래서 자기 사랑은 타인을 사랑하기 위한 조건이 아니라 스스로를 견뎌낼 수 있는 힘의 문제입니다.

니체의 자기 사랑은 자기애와 다릅니다. 자기애가 자신을 미화하며 만족하는 태도라면 니체가 말하는 자기 사랑은 자신을 숨기지 않고 직면하며 그 불편함을 견딜 힘을 기르는 과정입니다.

대부분의 사람들은 자신을 판단하고 비난하며 부끄러워합니다. 그러나 "이래서는 안 돼", "더 나아져야 해"라는 내면의 목소리는 니체에게 제거해야 할 적이 아니라 인간이 스스로를 넘어서려 할 때 반드시 통과해야 하는 긴장의 징후입니다. 문제는 그 목소리가 아니라, 그 앞에서 멈춰 서는 태도입니다. 니체에게 방황은 사랑의 결핍이 아니라 아직 자기 자신을 하나의 과제로 받아들이지 못한 상태를 의미합니다. 타인의 인정에 자신을 맡기고 외부의 가치로 자신을 증명하려 할수록 공허는 더 커집니다. 문제는 언제나 외부가 아니라 내면에 있습니다.

자기 사랑은 배워야 할 기술이며 선택이자 결단입니다. 자신의 실패를 변명 없이 직면하고 약점을 숨기지 않고 떠안아 그것들 모두를 자기 형성의 재료로 삼는 것, 바로 그 태도가 자기 사랑입니다.

자기 사랑은 완성이 아니라 스스로를 끝까지 책임지려는 자세입니다. 자신을 변명 없이 긍정하면서도 그대로 머무르지 않겠다고 결단하는 사랑, 성공해서가 아니라 스스로를 감당할 준비가 되었기 때문에 자신을 사랑하는 것, 이런 사랑을 자신에게 줄 수 있을 때 당신은 더 이상 자신을 대신 살아줄 주인을 찾지 않게 됩니다.

당신에게 던지는 질문

당신은 지금의 자신을 넘어설 만큼 자신을 사랑하고 있나요?

먼저 자신을 세우라

어진 사람은 남을 세우고자 하면 먼저 자신을 세우고,
남을 이루고자 하면 먼저 자신을 이룬다.

남을 돕기 전에 자신부터 바로 세워야 합니다. 다산은 공자의 이 가르침을 자신의 삶에 끝까지 적용하려 했습니다. 자신이 흔들리는 사람이 어떻게 타인을 도울 수 있겠습니까? 자신이 이루지 못한 사람이 어떻게 타인을 이루게 할 수 있겠습니까?

많은 사람들이 이 순서를 뒤바꿉니다. 자신은 돌보지 않으면서 타인을 돕고, 자신은 이루지 못하면서 쉽게 타인에게 조언하고, 자신은 방황하면서 타인을 인도하려 합니다. 하지만 그런 방식은 오래 지속되지 않습니다.

먼저 자신을 세우십시오. 자신의 원칙을 먼저 세우고, 그 원칙 위에서 삶을 바로잡으며, 그것을 끝까지 지탱할 기초를 다지십시오. 그때 비로소 타인을 도울 힘이 생깁니다. 자신이 바로 서 있는 사람만이 타인을 일으킬 수 있습니다.

이것은 자기중심적 이기주의가 아닙니다. 오히려 진정한 이타주의입니다. 자신을 돌보지 않은 채 타인만 돕는 일은 오래갈 수 없습니다. 결국 자신도 무너지고 타인에게 짐이 되기 쉽습니다. 자신을 먼저 세워야 오래 타인을 도울 수 있습니다.

다산은 유배지에서도 먼저 자신을 바로 세웠습니다. 매일 공부하고, 글을 쓰고, 정신을 단련했습니다. 그 후에야 자식들을 가르치고, 제자들을 양성하며, 사회에 지속적으로 기여할 수 있었습니다.

먼저 자신을 바로 세우십시오. 그것이 타인을 진정으로 돕는 출발점입니다. 자신이 바로 서야 타인도 세울 수 있습니다.

당신에게 던지는 질문

당신은 먼저 스스로를 지탱할 만큼 자신을 바로 세웠나요?

평판이라는 오해

우리가 안다고 믿는 것은
언제나 단순화되고 가공된 것에 불과하다.
진리조차 해석의 집합이라면,
타인의 평가와 평판이 과연 얼마나 믿을 만한 것일까.

우리는 평판을 피할 수 없는 환경에서 살아가지만 그것을 자신의 가치 판단 기준으로 착각할 때 스스로를 억압하게 됩니다. 타인이 나를 어떻게 보고, 나에 대해 어떤 말을 하는지가 어느새 삶의 방향을 결정합니다. 그러나 니체는 평판을 타인의 해석에 불과한 것으로 봅니다.

사람들은 당신을 안다고 믿지만 실제로는 자신의 관점과 필요에 따라 해석할 뿐입니다. 당신의 일부를 보고 그것을 전체인 양 판단하며, 한마디 말이나 한 번의 행동, 한순간의 표정으로 당신에 대한 이미지를 만들어냅니다. 그러나 그 이미지는 당신 그 자체가 아닙니다.

평판을 지키려 할수록 당신은 자기 자신에게서 멀어집니다. 사람들의 기대에 맞추어 행동하고, 좋아할 말을 고르며,

원하는 사람이 되려는 과정에서 당신은 스스로를 하나의 형성 과정이 아니라 고정된 이미지로 오해하게 됩니다.

더 어리석은 것은 평판을 완전히 지킬 수는 없다는 사실입니다. 아무리 조심해도 오해는 생기고, 아무리 완벽해도 비난은 따라옵니다. 모든 사람을 만족시키려는 시도는 결국 자신만 소진시킬 뿐입니다.

니체는 평판을 무시하라고 말하지 않습니다. 다만 그것을 진실의 문제로 착각하지 말라고 합니다. 사람들이 당신을 오해한다면 그것은 그들이 세계를 해석하는 방식의 문제이지, 당신이 스스로를 해명해야 할 의무가 생긴다는 뜻은 아닙니다.

자유로워지십시오. 타인의 눈이 아니라 자신만의 척도와 힘의 방향에 따라 사십시오. 이해받기 위해 자신을 왜곡하는 삶보다 오해를 감수하고도 자신의 힘이 향하는 방향을 따르는 삶이 더 창조적입니다. 평판은 그림자입니다. 그림자를 붙잡느라 스스로를 잃지 마십시오.

당신에게 던지는 질문

당신은 평판을 위해 자신을 속이고 있지 않나요?

끝없는 배움

배움에는 끝이 없으니 게을리하지 말아야 한다.

다산은 1836년, 향년 75세로 생을 마치기 전까지 배움을 멈추지 않았습니다. 나이가 들었다고, 충분히 알았다고, 더 이상 배울 것이 없다고 생각하지 않았습니다. 그에게 배움은 삶이 끝날 때까지 이어지는 과제였습니다.

배움에는 끝이 없습니다. 알면 알수록 모르는 것이 더 많다는 것을 깨닫고, 배우면 배울수록 더 배워야 할 것이 보입니다. 진정한 학자는 자신의 앎이 언제나 불완전하다는 사실을 압니다. 그래서 멈추지 않습니다.

어떤 사람들은 일정 나이가 되면 배움을 멈춥니다. "이제 충분해", "나이 들어서 무슨 공부"—이렇게 생각합니다. 하지만 그 순간부터 성장은 서서히 멈추기 시작합니다. 배우지 않는 정신은 녹슬고, 사용하지 않는 지식은 사라집니다.

평생 학습은 선택이 아니라 변화하는 현실에 응답하기 위한 필수 조건입니다. 세상은 변하고, 지식은 업데이트되고, 새로운 것이 계속 나타납니다. 배우기를 겸추면 시대에 뒤처지고, 결국 현실과의 거리가 벌어집니다.

다산은 유배지에서도 새로운 것을 배웠습니다. 서양 과학을 접하고, 서학西學과 그 사상을 탐구하고, 새로운 농법을 익혔습니다. 나이나 상황을 배움을 멈추는 이유로 삼지 않았습니다.

당신은 얼마나 오래 새로운 것을 배우지 않았습니까? 마지막으로 책을 읽은 것이 언제입니까? 마지막으로 모르는 것을 물어본 것이 언제입니까? 배움을 다시 시작하십시오. 나이는 배움을 멈출 이유가 되지 않습니다. 배움에는 끝이 없고, 그 앞에서 스스로를 방치해서도 안 됩니다.

당신에게 던지는 질문

당신은 지금도 스스로를 배우게 하고 있나요?

춤추는 삶

춤출 수 없는 삶은 아직
자기 자신을 긍정하는 법을 배우지 못한 삶이다.

삶은 무겁습니다. 책임, 의무, 고통 — 이 모든 것이 우리를 짓누릅니다. 그러나 니체에게 중요한 것은 삶의 무게를 제거하는 것이 아니라 그 무게를 짊어진 채로도 가벼움을 창조해 낼 수 있는 힘을 갖는 일입니다.

춤에는 목적이 없습니다. 어디론가 도달하기 위해 추는 것이 아닙니다. 춤은 끝을 향해 완성되는 행위가 아니라, 추는 순간마다 자신을 긍정하는 삶의 형식입니다. 삶 역시 목적에 예속된 수단이 아니라, 고통과 충돌을 포함한 전체를 설명 없이 끌어안고 긍정할 수 있을 때, 비로소 자기 자신을 살아내는 운동이 됩니다.

우리는 너무 진지합니다. 모든 것을 계획하고, 분석하고, 정당화하려 합니다. 그러나 삶의 가장 강렬한 순간들은 언제나 계획 밖에서 발생합니다. 즉흥성과 예측 불가능성 속에서도 삶을 감당할 힘이 있을 때 인간은 비로소 춤출 수 있습니다.

춤출 수 없는 사람에게 삶은 짐처럼 느껴집니다. 그에게 삶은 견뎌야 할 것, 버텨야 할 것입니다. 그러나 춤출 수 있는 자에게 삶은 고통마저 부정하지 않고 자기 형성의 리듬 속으로 끌어들이는 과정입니다. 고통도 춤의 일부가 되고, 슬픔도 리듬이 됩니다.

니체가 말하는 춤은 반드시 몸을 움직이는 것만을 의미하지 않습니다. 그것은 하나의 태도입니다. 삶의 무게를 부정하지 않으면서도 가볍게 다루는 능력, 심각함 속에서도 유머를 잃지 않는 힘을 말합니다. 그리고 계획대로 되지 않는 삶마저 자신의 리듬으로 끌어안을 수 있는 것, 바로 그것이 니체가 말한 춤추는 삶입니다.

당신은 춤추고 있습니까, 아니면 행진하고 있습니까? 타인의 규범에 맞춰 발을 맞추며 살고 있지는 않습니까? 아니면 스스로의 리듬을 만들고 있습니까? 무거운 것을 없애려 애쓰지 마십시오. 문제는 무게가 아니라 그것을 다루는 힘입니다.

당신에게 던지는 질문

당신은 언제 마지막으로 춤추듯 살았나요?

의와 불의

의로운 일이라면 비록 가난해도 하고,
불의한 일이라면 비록 부귀가 따라도 하지 말라.

다산은 이 원칙 때문에 삶의 많은 것을 내려놓아야 했습니다. 그는 옳은 일을 했고, 그 대가로 유배를 갔습니다. 만약 타협했다면, 불의를 눈감아 주었다면, 권력에 기대어 살았다면, 그는 편안한 삶을 살 수 있었을 것입니다. 하지만 그는 택하지 않았습니다.

의로운 일은 종종 대가를 요구합니다. 손해를 감수해야 하고, 고통을 겪어야 하며, 외로워져야 할 수도 있습니다. 하지만 그렇다고 외면해서는 안 됩니다. 가난해질지언정, 옳음에서 물러서서는 안 됩니다.

반대로 불의한 일은 아무리 달콤한 보상을 약속해도 거부해야 합니다. 돈을 준다고, 권력을 준다고, 명예를 준다고 해도 옳지 않으면 하지 말아야 합니다. 부귀는 잠시 머무를 뿐이지만, 양심은 시간이 갈수록 더 무겁게 따라다닙니다.

세상은 타협을 요구합니다. "조금만 눈감아 줘라", "이번만 예외를 두자", "현실적으로 생각하자"—이런 유혹이 끊임없이 옵니다. 하지만 한 번 타협하면 다음 타협은 더 쉬워집니다. 결국 당신은 스스로 존중하던 자신을 잃게 됩니다.

다산은 타협하지 않았습니다. 18년의 유배를 견뎠습니다. 가난했지만 떳떳했고, 고통스러웠지만 후회하지 않았습니다. 바로 그 이유로 그는 지금까지도 존경받습니다. 그의 청렴함이, 그의 원칙이, 그의 의로움이 역사에 남았습니다.

선택의 순간이 옵니다. 의와 이익 사이에서. 옳은 것을 택하십시오. 비록 가난해지더라도. 당장의 손해를 두려워하지 마십시오. 의롭게 사는 것이 결국 가장 오래 남는 선택입니다.

당신에게 던지는 질문

당신은 부귀 앞에서도 의를 택할 수 있나요?

확정되지 않은 동물

인간은 아직 확정되지 않은 동물이다.
인간은 여전히 형성 중이다.

다른 동물들은 본능과 기능의 차원에서 비교적 고정된 형식을 갖고 있습니다. 사자는 태어날 때부터 사자이고, 독수리는 태어날 때부터 독수리입니다. 하지만 인간은 다릅니다. 니체에게 인간은 완성된 존재가 아니라 끊임없이 자신을 넘어서는 과정 속에 놓인 존재입니다.

이것은 축복이자 저주입니다. 우리는 고정된 본성이 없기에 스스로를 형성해야 하는 존재입니다. 하지만 동시에 무엇이 되어야 할지 모릅니다. 다른 동물들은 본능이 말해주지만, 인간은 스스로 결정해야 합니다.

"인간이란 무엇인가?"—이 질문에는 아직 답이 없습니다. 인간은 계속 변해왔습니다. 과거의 인간과 현재의 인간은 다르고, 현재의 인간과 미래의 인간도 다를 것입니다. 우리는 아직 결론이 나지 않은 실험입니다.

이것은 우리에게 끝없이 열려 있는 형성의 가능성을 요구합니다. 우리는 아직 확정되지 않았기에, 무엇이든 될 가능성 앞에 서 있습니다. 생물학적 한계 안에서 우리는 스스로의 형식을 만들어가야 하는 과제를 떠안습니다. 문화, 가치관, 생활방식—모두가 선택의 대상입니다.

하지만 대부분의 사람들은 이 가능성을 두려워합니다. 그들은 확정되기를 원합니다. "나는 이런 사람이야"라고 선언하고, 그 틀 안에 안주합니다. 그러나 그것은 인간을 하나의 완성된 상태로 고정시키려는 자기기만에 가깝습니다. 인간의 본질은 고정된 본질이 없다는 데 있습니다.

당신은 아직 완성되지 않았습니다. 당신은 여전히 형성 중입니다. 어제의 당신이 오늘의 당신을 규정하지 않습니다. 오늘의 당신이 내일의 당신을 제한하지 않습니다. 당신은 확정되지 않은 동물입니다. 그것은 당신의 위험이자 동시에 가능성입니다. 형성의 과정 속에 스스로를 열어 두십시오. 완성되었다고 믿는 순간, 인간은 스스로를 닫습니다.

당신에게 던지는 질문

당신은 지금도 형성되고 있나요, 아니면 이미 확정되었나요?

실용적 학문

참된 학문은 실생활에 도움이 되어야 한다.

다산의 학문은 실용적이었습니다. 그는 당대 백성의 삶을 실제로 개선하는 데 관심이 있었지, 추상적 이론에 머무르지 않았습니다. 『목민심서』는 관리를 위한 실무 지침서였고, 『경세유표』는 구체적인 제도 개혁안이었습니다.

학문이 현실과 동떨어지면 힘을 잃기 쉽습니다. 아무리 심오하고, 아무리 정교하더라도 실제 삶에 아무런 도움이 되지 않으면 그것은 사유의 자기만족에 머물 뿐입니다. 진정한 학문은 사람들의 삶을 나아지게 만들어야 합니다.

다산 시대의 많은 학자들은 추상적 논쟁에 빠져 있었습니다. 이기론, 심성론—이런 형이상학적 문제들을 토론했습니다. 하지만 다산은 그 지점에서 이렇게 물었습니다. 백성들은 굶주리는데, 이런 논쟁이 과연 무슨 소용이 있는가?

실용적 학문은 현실의 문제를 직접 다룹니다. 농업 생산성을 높이고, 행정 효율을 개선하며, 백성의 고통을 줄입니다. 이론을 위한 이론이 아니라, 삶을 바꾸는 학문입니다. 배우는 것이 삶 속에서 작동할 때에만 의미가 있습니다.

당신이 배우는 것은 실생활에 도움이 됩니까? 단순히 아는 것에 만족하지 말고, 그것을 어떻게 활용할지 생각하십시오. 학문은 장식이 아니라 도구입니다. 사용하지 않는 도구는 결국 녹슬어 쓸모없어집니다.

당신에게 던지는 질문

당신이 배운 것은 지금의 삶에서 어떻게 도움이 되고 있나요?

산책하는 사상

나는 산책하는 것을 좋아한다.
내 모든 위대한 사상들은 산책 중에 찾아왔다.

위대한 사상은 책상에서 나오지 않습니다. 니체에게 사유란 고정된 자세에서 만들어지는 것이 아니라 몸의 리듬과 함께 생성되는 사건입니다. 걷고 움직일 때, 정신 역시 새로운 자유를 얻습니다.

움직임을 잃은 사유는 쉽게 자기 반복에 갇힙니다. 이미 알고 있는 것을 되풀이하고, 익숙한 패턴을 따라가며, 안전한 결론에 도달합니다. 그러나 걸으면서 생각할 때는 다릅니다. 풍경이 바뀌고, 예상치 못한 것이 시야에 들어오며, 생각도 그만큼 다른 방향으로 열립니다.

몸과 정신은 분리되어 있지 않습니다. 몸이 한 자세에 고정되면 생각도 같은 궤도를 맴돌지만, 몸의 움직임은 정신이 새로운 방향으로 전환될 수 있는 조건을 열어줍니다. 새로운 풍경은 새로운 사유를 부릅니다.

니체의 철학에는 고도와 리듬, 상승과 흐흡의 감각이 깊이 배어 있습니다. 그는 알프스의 길과 고도를 오르내리며『차라투스트라는 이렇게 말했다』의 사유를 발전시켰고, 걷는 동안 도덕의 문제를 끊임없이 다시 사유했습니다. 그의 철학이 살아 있는 철학처럼 느껴지는 이유입니다.

현대인은 너무 오래 앉아 있습니다. 생각이 막히면 더 오래 앉아 머리를 쥐어짜지만, 그것은 거의 작동하지 않습니다. 막힌 생각은 종종 움직임 속에서 새로운 전환점을 맞이합니다.

니체에게 산책은 미리 정해진 결론에 예속되지 않은 사유의 형식입니다. 어디로 갈지 정하지 않고 발길이 이끄는 대로 걷듯, 생각 역시 결론을 미리 정해두지 않고 따라가야 합니다. 그럴 때 비로소 진짜 발견이 일어납니다.

일어나십시오. 밖으로 나가 걸으십시오. 미리 결론을 정하지 않은 채로. 위대한 사상은 억지로 만들어지는 것이 아니라, 산책과 움직임 속에서 사유가 스스로를 밀어붙일 때 발생합니다.

당신에게 던지는 질문

당신의 생각은 어디서 가장 자유로워지나요?

작은 잘못의 경계

작은 잘못을 바로잡지 않으면 큰 허물이 된다.

작은 잘못은 사소해 보입니다. "이 정도는 괜찮아", "나중에 고치면 돼"—이렇게 넘어갑니다. 하지만 다산은 분명히 경고합니다. 작은 잘못을 방치하면 그것이 자라서 큰 허물이 된다고.

습관은 작은 행동에서 시작됩니다. 작은 거짓말이 큰 사기로, 작은 게으름이 큰 나태로, 작은 탐욕이 큰 부패로 자랍니다. 처음에는 별것 아닌 듯 보이지만, 반복되면 성격이 되고, 성격은 삶의 방향이 됩니다.

작은 잘못을 그때그때 바로잡는 습관이 중요합니다. 실수를 인정하고, 사과하고, 고치는 것. 자존심 때문에, 귀찮아서, 대수롭지 않다고 여겨서 넘어가면, 그 잘못은 눈에 띄지 않게 쌓입니다. 그리고 어느 순간 감당할 수 없는 크기가 됩니다.

다산은 자식들에게 이것을 강조했습니다. 작은 잘못이라

도 미루지 말고 고치라고. 나쁜 습관이 자리 잡아 버리기 전에 뿌리 뽑으라고. 습관은 어릴 때 바로잡아야 합니다. 세월이 쌓일수록 고치기 어렵습니다.

당신의 작은 잘못은 무엇입니까? 늘 미루는 것? 가끔 하는 거짓말? 조금 무례한 태도? 그것을 방치하지 마십시오. 지금 바로 고치십시오. 작은 불씨가 통제할 수 없는 문제로 번지기 전에 꺼야 합니다.

당신이 고쳐야 할 작은 잘못은 무엇인가요?

나를 이해하지 못하는 자

나를 이해하지 못한 판단은
나의 권위가 될 수 없다.

우리는 모든 사람에게 이해받고 싶어 합니다. 설명하고, 정당화하고, 변명합니다. 니체에게 중요한 것은 모두에게 이해받는 것이 아니라, 자신을 이해하지 못한 평가에 흔들리지 않는 태도입니다.

모든 사람이 모든 것을 이해할 수는 없습니다. 어떤 경험과 사상, 선택은 같은 지점에 서 있지 않다면 끝내 이해되지 않는 경우가 있습니다. 그것은 엘리트주의가 아니라 현실에 대한 인식의 차이를 말하는 것입니다. 같은 풍경도 어디에 서 있느냐에 따라 전혀 다르게 보입니다.

당신이 무언가를 했을 때 사람들이 이해하지 못한다면 그것은 당신의 잘못이 아닐 수 있습니다. 그들은 다른 지점에서 세계를 해석하고 있을 수 있습니다. 당신은 그들을 설득할 필요도, 승인을 구할 필요도 없습니다.

이것은 오만이 아닙니다. 이것은 내가 선택한 생각을 끝까지 책임지겠다는 태도입니다. 자신이 따르는 사유의 방향이 분명하다면, 많은 사람이 반대하더라도 그 생각이 곧 무너지는 것은 아닙니다. 사유는 다수의 동의로 완성되지 않습니다. 이해받지 못함은 틀렸다는 증거가 아니라, 남들과 다른 관점에 서 있다는 표시일 수 있습니다.

많은 혁신적 사유는 등장 당시 이해받지 못한 채 오해와 저항 속에서 등장했습니다. 그들은 비난과 조롱을 견디며, 끝내 배척까지 감내해야 했습니다. 하지만 그들은 멈추지 않았습니다. 그들은 분명히 알았기 때문입니다. 자신을 이해하지 못하는 자들은 자신을 판단할 권위가 없다는 것을.

당신을 이해하지 못하는 사람들에게 에너지를 낭비하지 마십시오. 그들을 설득하려 하지 마십시오. 그들의 승인을 기다리지 마십시오. 당신의 길을 가십시오. 이해하는 자는 이미 이해하고 있고, 이해하지 못하는 자는 아무리 설명해도 이해하지 못할 것입니다. 판단의 권위는 타인의 이해가 아니라 스스로 감당하고 있는 사유의 무게에서 나옵니다.

당신은 이해받지 못해도 당신의 길을 갈 수 있나요?

신중한 말

말이 많으면 실수가 많으니, 신중하게 말해야 한다.

다산은 유배지에서 더욱 조심했습니다. 한마디 잘못된 말이 자신뿐 아니라 가족에게까지 화를 입힐 수 있었기 때문입니다. 그래서 그는 편지 한 줄에도 의미와 파장을 헤아리며 신중했고, 말할 때도 조심했습니다.

말이 많은 사람은 실수도 많습니다. 생각 없이 내뱉은 말이 사람을 상처 입히고, 경솔한 말이 신뢰를 깨뜨리며, 불필요한 말이 오해를 만듭니다. 말은 한 번 나가면 돌이킬 수 없습니다. 화살처럼, 한 번 떠난 말은 되돌릴 수 없습니다.

신중하다는 것은 말을 하지 않는다는 뜻이 아닙니다. 그것은 말하기 전에 결과를 먼저 떠올린다는 뜻입니다. 이 말이 필요한가? 이 말이 상처가 되지는 않을까? 이 말을 끝까지 책임질 수 있나? 이런 질문들을 거친 후에 말하는 것입니다.

때로는 침묵이 말보다 낫습니다. 말해야 할 때와 침묵해야 할 때를 아는 것이 지혜입니다. 모든 생각을 다 말할 필요는 없고, 모든 감정을 다 표현할 필요도 없습니다. 말을 아끼는 사람의 한 마디는 더 오래 남습니다.

다산은 삶의 경험을 거치며 점점 말의 신중함을 체득해 갔습니다. 그래서 그의 말에는 무게가 있었고, 사람들은 그의 말을 경청했습니다. 말이 적었기에 불필요한 말실수가 적었고, 신중했기에 후회할 일도 적었습니다.

말하기 전에 세 번 생각하십시오. 이 말이 꼭 필요한가? 다른 방식으로 표현할 수는 없는가? 침묵하는 것이 더 나을까? 말은 쉽게 하지만 그 결과는 오래갑니다. 말에 조금 더 신중하십시오.

당신에게 던지는 질문

당신은 말하기 전에 그 말의 여파까지 생각하나요?

정신의 자유

정신이 자유로워지는 것, 이것이 위대함이다.

진짜 자유는 외부적 조건이 아닙니다. 니체에게 자유란 외부 조건의 문제가 아니라 정신이 스스로를 지배할 수 있는 힘의 문제이며, 그는 그 상태를 인간의 위대함으로 보았습니다.

정신의 자유는 무엇입니까? 그것은 어떤 권위도 자동적으로 받아들이지 않고 그 정당성을 스스로 시험해보는 태도입니다. 전통이거나 다수가 믿거나 권력이 명령한다는 이유만으로 자동 승인하지 않는 것. 모든 것을 스스로 검토하고, 스스로 판단하는 능력입니다.

니체가 보기에 많은 사람들은 자신도 모르는 사이 타인의 가치와 판단에 의존한 상태로 살아갑니다. 그들은 사회가 주입한 가치를 자신의 것으로 착각하고, 타인의 의견을 자신의 생각인 양 반복하고, 권위가 말하는 것을 진리로 받아들입니다. 그들은 의심하거나 스스로 판단해본 경험이 거의 없습니다.

정신의 자유는 결코 안전하지 않습니다. 그것은 고독을 가져옵니다. 무리에서 벗어나고, 안전한 생각들을 버리고, 혼자서 판단해야 합니다. 틀릴 수도 있습니다. 하지만 자유로운 정신은 타인의 판단에 기대어 안전해 보이는 길보다 스스로 판단하며 그 결과를 감당하는 길을 택합니다.

정신의 자유는 허무주의가 아닙니다. 그것은 모든 가치를 부정하는 것이 아니라, 모든 가치를 검토하는 것입니다. 받아들일 것은 받아들이되, 맹목적으로가 아니라 비판적으로 받아들입니다. 거부는 감정적 반발이 아니라, 자신의 사유에 따라 이루어져야 합니다.

당신의 정신은 자유롭습니까? 아니면 보이지 않는 사슬에 묶여 있습니까? 당신이 믿는 것들을 의심해보십시오. 당신이 당연하게 여기는 것들을 물어보십시오. 그리고 스스로 답하십시오. 정신이 자유로워질 때, 당신은 비로소 위대해집니다. 니체에게 새로운 가치는 자유로운 정신이 자기 책임을 감당할 때에만 탄생합니다.

당신에게 던지는 질문

당신의 생각 중 진짜 당신의 것은 얼마나 되나요?

재주는 배움으로

사람의 재주는 타고나는 것이 아니라
배우고 익혀서 이루어지는 것이다.

다산은 타고난 천재로만 설명될 수 있는 인물이 아니었습니다. 그는 부지런히 배우고, 끊임없이 노력해서 위대한 학자가 되었습니다. 재능보다는 노력이, 천부적 소질보다는 후천적 학습의 축적이 그를 만들었습니다.

많은 사람들이 재능을 핑계 삼습니다. "나는 재능이 없어", "타고나지 않았어"—이렇게 말하며 노력하지 않습니다. 하지만 다산은 분명히 말합니다. 재주는 타고나는 것이 아니라 만들어지는 것이라고. 배우고 익히면 누구라도 일정한 경지에 이를 수 있다고.

타고난 재능은 과대평가됩니다. 재능 있는 사람도 노력하지 않으면 평범하게 끝나고, 재능이 부족해 보이는 사람도 꾸준히 노력하면 결국 두드러지게 됩니다. 역사를 돌아보십시오. 기억되는 사람들은 재능이 아니라 노력의 시간이 축적된 결과로 성공한 사람들입니다.

배우고 익히는 것은 시간이 걸립니다. 하루아침에 되지 않고, 지름길도 없습니다. 매일 조금씩, 꾸준히, 반복해서 연습해야 합니다. 그렇게 오랜 시간을 투자하면, 평범한 사람도 숙련된 사람의 경지에 가까워집니다.

다산은 매일 공부했습니다. 하루도 빠짐없이, 한 줄이라도 읽고 한 글자라도 썼습니다. 그 축적이 방대한 분량의 저술로 이어졌습니다. 재능이 아니라 노력의 결과였습니다.

재능을 탓하지 마십시오. 배우십시오. 익히십시오. 매일 조금씩, 꾸준히. 1년 후, 5년 후, 10년 후의 당신은 지금의 당신과 다른 사람이 되어 있을 것입니다. 재주는 배움과 반복의 시간 속에서 만들어지는 것입니다.

당신에게 던지는 질문

당신은 재능을 핑계로 배우려는 시도 자체를 포기하고 있지 않나요?

무지개를 보려면

비를 피하려는 자는 무지개를 말할 수 없고,
젖을 각오를 하지 않은 삶은 아무것도 넘어서지 못한다.

아름다움은 공짜로 오지 않습니다. 무지개를 원하면서 비를 피하려는 태도는 삶의 전체를 긍정하려는 태도와는 거리가 있습니다. 기쁨만을 원하며 고통을 제거하려는 태도 또한 그렇습니다.

우리는 좋은 것만 원합니다. 행복하고 싶지만 슬픔은 싫고, 성공하고 싶지만 실패는 싫고, 사랑받고 싶지만 상처받는 것은 싫습니다. 하지만 삶은 그렇게 작동하지 않습니다. 비 없이 무지개는 없습니다. 그렇다고 비가 무지개를 보장해주는 것은 아닙니다.

비는 불편합니다. 젖고, 춥고, 우울합니다. 하지만 비라는 조건이 겹쳐질 때에야 비로소 무지개가 나타날 수 있는 장면이 열립니다. 고통도 마찬가지입니다. 그것은 불편하지만, 삶을 넘어설 가능성이 열릴 수 있는 조건이 되기도 합니다.

많은 사람들이 비가 오면 실내로 도망칩니다. 불편함을 피하고, 고통을 회피하고, 안전한 곳으로 숨습니다. 하지만 그런 태도는 삶을 넘어서지 못합니다. 무지개는 약속이 아니라, 밖에 머무른 자에게서만 발생하는 장면입니다.

견디는 것은 수동적 행위가 아닙니다. 그것은 능동적 선택입니다. 비를 맞으면서도 밖에 머무르는 것, 고통스럽지만 포기하지 않는 것, 힘들어도 계속 나아가는 것. 이것이 니체가 말한 강함, 곧 고통을 제거하지 않고 그것을 변형하려는 태도에 더 가깝습니다.

당신은 비를 피하려고만 합니까? 아니면 비를 맞으며 삶을 계속 통과하고 있습니까? 고통이 아름다움을 보장하지는 않습니다. 고통은 보상이 아니라 조건일 뿐입니다. 다만 비를 피하려는 삶은 아무것도 넘어서지 못합니다. 비를 피하지 않겠다는 태도는 결과를 보장하지 않지만, 삶을 넘어설 가능성이 열리는 조건을 스스로 만드는 선택입니다.

당신에게 던지는 질문

당신은 삶을 넘어서기 위해, 어떤 비 앞에 서 있나요?

실용적 글쓰기

글을 지음에는 반드시 실용에 도움이 되어야 하며
헛된 말을 늘어놓아서는 안 된다.

다산의 모든 저술은 분명한 쓰임을 전제로 쓰였습니다. 『목민심서』는 관리들을 위한 실무 지침이었고, 『경세유표』는 국가 제도 개혁을 위한 청사진이었으며, 『흠흠신서』는 형법 개혁을 위한 제안이었습니다. 그는 글쓰기를 위한 글쓰기를 하지 않았습니다.

헛된 말은 독자의 시간을 빼앗는 일입니다. 화려한 문장으로 포장하고, 어려운 단어로 치장하고, 길게 늘어놓지만 실제 전달되는 내용은 거의 없습니다. 읽는 사람도 지루하고, 쓰는 사람도 시간만 허비합니다. 그런 글은 아무도 기억하지 않습니다.

실용적인 글은 기준이 분명합니다. 전달하려는 메시지가 분명하고, 실제 적용 방식이 구체적이며, 그 필요성 또한 설득력 있게 설명하고 있습니다. 군더더기가 없고, 핵심만 담고, 독자가 지금 바로 써먹을 수 있습니다.

글은 마음을 드러내기 위해 쓰이기도 하지만, 정약용에게 글쓰기는 언제나 책임이었습니다. 그는 글이 누군가의 삶에 쓰이지 않는다면, 아무리 정교한 문장과 깊은 사유를 담고 있어도 충분하지 않다고 보았습니다.

다산은 실용을 추구했습니다. 그의 글은 문학적으로 화려하지 않았지만, 명확하고 유용했습니다. 그래서 그의 글은 시대를 건너 반복해서 사용됩니다. 실용적인 글이 시간을 견딥니다.

글을 쓸 때 물어보십시오. 이 글이 누군가의 판단이나 행동을 실제로 바꾸는가? 실제로 적용할 수 있는 내용인가? 헛된 말로 분량만 채우고 있지는 않은가? 실용적으로 쓰십시오. 그것이 다산이 말한 진정한 글쓰기입니다.

당신에게 던지는 질문

당신의 글은 누군가에게 실제로 도움이 되나요?

나는 다이너마이트다

나는 학자가 아니라 다이너마이트다.

니체는 자신을 폭약에 비유하며 조용히 지식을 축적하는 학자가 아니라 기존 가치 체계의 전제를 흔드는 다이너마이트라고 말합니다. 이것은 오만이 아니라 자기 사명에 대한 인식입니다.

학자는 기존의 지식 위에 조금씩 더합니다. 그들은 대체로 기존 체계 안에서 지식을 축적하고 정교화하는 역할을 수행합니다. 하지만 니체는 다릅니다. 그는 기존 체계 자체를 문제 삼습니다. 조금 수정하는 것이 아니라 근본부터 문제 삼습니다.

다이너마이트는 파괴합니다. 하지만 그 파괴는 무의미하지 않습니다. 낡은 건물을 폭파해야 새 건물을 세울 수 있듯이, 니체에게 새 가치는 낡은 가치의 파괴를 통과할 때에만 창조될 수 있습니다. 니체의 철학은 파괴를 통해 창조에 이르는 사유입니다.

세상은 다이너마이트를 두려워합니다. 그것은 위험하고, 예측 불가능하며, 통제할 수 없습니다. 그래서 사람들은 학자를 선호합니다. 학자는 안전합니다. 그들은 기존 질서를 위협하지 않습니다. 하지만 학문적 축적만으로는 가치의 전환이 일어나기 어렵습니다.

니체 자신도 자신의 위험성을 알고 있었습니다. 니체는 자신을 이해하는 자는 기존의 확신이 흔들리는 경험을 하게 될 것임을 여러 차례 암시합니다. 그의 사상은 독자를 편안하게 만들지 않습니다. 오히려 뒤흔들고, 불안하게 만들며, 기존의 확신들을 무너뜨립니다.

당신은 학자입니까, 다이너마이트입니까? 기존 질서 안에서 조금씩 개선하려 합니까, 아니면 그 질서 자체를 뒤집으려 합니까? 니체는 세상이 요구하는 안전한 사유보다 기존 가치를 근본부터 흔드는 사유가 더 위험하지만 더 결정적일 수 있음을 보여줍니다. 니체의 다이너마이트는 행동 지침이 아니라 기존의 생각과 가치가 스스로 붕괴되도록 만드는 사유의 방식입니다.

당신은 어떤 믿음의 전제를 흔들 준비가 되어 있나요?

자녀 교육의 시작

자식을 가르침에는 어려서부터 예절을 익히게 하고
학문의 즐거움을 알게 해야 한다.

다산은 멀리 떨어진 유배지에서도 자식 교육에 온 힘을 쏟았습니다. 수백 통의 편지로 자식들을 가르쳤고, 읽어야 할 책을 추천하고, 삶의 원칙을 전했습니다. 교육은 반드시 사고와 습관이 굳기 전부터 시작되어야 한다고 믿었습니다.

예절은 사람을 사회 속에 세우는 기초입니다. 어른을 공경하고, 예의를 지키고, 분수를 아는 것. 이것은 어려서 몸에 배어야 합니다. 나이 들어 가르치려 하면 이미 늦습니다. 나쁜 버릇이 굳어진 후에는 고치기가 어렵기 때문입니다.

하지만 예절만으로는 부족합니다. 학문의 즐거움도 반드시 함께 경험하게 해야 합니다. 공부가 즐겁다는 것을, 배움이 기쁘다는 것을, 아는 것이 행복하다는 것을. 이것을 어려서 경험한 아이는 배움을 의무가 아닌 삶의 일부로 받아들입니다.

억지로 강요하는 교육은 겉모습만 남기고 내면을 만들지 못합니다. 아이는 시험을 위해 공부하고, 부모 눈치를 보며 착하게 굴고, 처벌이 두려워 예절을 지킵니다. 하지만 그것은 아이의 내면으로 스며들지 않습니다. 진정한 교육은 외부의 보상이 없어도 스스로 계속하고 싶어지는 상태입니다.

다산은 자식들에게 공부의 즐거움을 알려주려 했습니다. 책 읽는 기쁨을, 깨닫는 희열을, 성장하는 보람을. 그래서 그의 자식들은 아버지의 유배라는 어려운 조건 속에서도, 모두 학문과 인품을 함께 갖춘 인물로 성장했습니다.

예절은 타인을 향한 절제이고, 공부의 즐거움은 자신에게 성실해질 때 생기는 감각입니다. 달리 말하면 예절은 아이가 세상과 관계 맺는 방식이고, 공부의 즐거움은 스스로를 성장시키는 힘입니다. 두 가지가 함께 자랄 때. 아이는 보지 않는 자리에서도 바르고, 시키지 않아도 책으로 돌아오는 사람이 됩니다. 자녀 교육에서 예절과 공부의 즐거움은 나눌 수 없는 한 쌍입니다.

당신에게 던지는 질문

당신의 교육은 자녀에게 예의를 지키는 태도와, 스스로 배우고 싶어지는 즐거움을 함께 가르치고 있습니까?

덕으로 인한 벌

그대의 덕으로 인해 벌을 받는다면
그것이야말로 진정한 덕이다.

니체에게 중요한 것은 덕이 얼마나 순수한가가 아니라, 그 가치가 사회의 인정과 맞부딪힐 때 어떤 힘을 드러내는가입니다. 니체에게 벌은 가치의 증명이 아니라, 그 가치가 사회의 저항 속에서도 스스로를 감당할 수 있는지를 드러내는 시험대입니다. 사회가 인정하는 덕은 대개 기존 질서를 유지하는 데 유용한 가치일 뿐이며 니체의 관심사는 그것이 삶을 강화하는가 약화시키는가에 있습니다.

생각해보십시오. 정직이 덕이라고 합니다. 하지만 진실을 말했을 때 당신은 칭찬받습니까, 아니면 비난받습니까? 종종 진실은 불편하고, 진실을 말하는 자는 미움받습니다. 그렇다면 정직이라는 가치가 언제나 삶을 강화하는 덕으로 작동한다고 말할 수 있을까요?

사회가 칭찬하는 덕은 대개 순응입니다. 말 잘 듣고, 문제

일으키지 않고, 질서를 따르는 것. 이것을 그들은 "선하다"고 부릅니다. 하지만 니체는 묻습니다. 그것은 정말 덕입니까, 아니면 순종에 불과한 유순함입니까?

니체가 문제 삼는 가치는 기존 질서와 충돌할 때 위험해지 며 그 과정에서 불편한 진실을 드러내기도 합니다. 그래서 사 회는 그것을 처벌합니다. 역사적으로 새로운 가치를 제시한 많은 사유는 당대의 도덕과 충돌하며 위험한 것으로 취급되 었습니다.

당신의 덕이 칭찬받는다면, 의심하십시오. 그것은 정말 덕 입니까, 아니면 사회가 원하는 순종입니까? 반대로 당신의 덕 때문에 벌을 받는다면, 그 순간에야말르 용기를 내십시오. 그것이야말로 진짜 덕입니다. 진정한 가치는 편안하지 않습 니다. 그것은 언제나 대가를 요구합니다. 그 대가를 감수할 수 있을 때에야 비로소 그 가치는 개인의 삶 안에서 실제 힘 으로 작동합니다.

당신에게 던지는 질문

당신이 옳다고 믿는 가치가 사회의 승인과 충돌할 때에도 그것을 감당할 준비가 되어 있나요?

선비의 두려움

선비는 가난을 두려워하지 말고
도를 잃을까 두려워해야 한다.

다산은 유배지에서 오랜 기간 극심한 가난을 겪었습니다. 끼니를 거르고, 추위에 떨고, 병들어도 약을 구하지 못했습니다. 하지만 그가 진정으로 두려워한 것은 가난이 아니었습니다. 도를 잃는 것이었습니다.

가난은 삶의 조건일 뿐입니다. 그것은 당신의 본질을 바꾸지 못합니다. 가난해도 당신은 여전히 당신이고, 원칙을 지킬 수 있고, 떳떳할 수 있습니다. 가난은 불편하지만 사람을 무너뜨리는 결정적 이유는 되지 않습니다.

하지만 도를 잃는 것은 다릅니다. 그것은 자기 삶의 기준을 스스로 허무는 일입니다. 돈을 위해 양심을 팔고, 생계를 위해 원칙을 굽히고, 가난을 피하려고 떳떳하지 못한 일을 한다면, 당신은 가난보다 훨씬 되돌리기 어려운 것을 잃는 것입니다.

많은 사람들이 가난을 두려워한 나머지 도를 잃습니다. 조금만 타협하면 편해질 텐데, 눈 한 번만 감으면 돈을 벌 텐데—이런 유혹에 넘어갑니다. 하지만 한 번 도를 잃으면 다시 기준을 세우기까지 더 큰 대가를 치러야 합니다.

다산은 가난했지만 도를 지켰습니다. 풀려나기 위해 소신을 철회하지 않았고, 생활의 어려움 앞에서도 기준을 지켰습니다. 그래서 가난했지만 떳떳했고, 고통스러웠지만 후회하지 않았습니다.

가난을 두려워하지 마십시오. 더 두려워해야 할 것은 가난 때문에 스스로의 기준을 포기하는 순간입니다. 도를 지키십시오. 비록 가난해지더라도. 그것이 가난 속에서도 지킬 수 있는 유일한 부입니다.

당신에게 던지는 질문

당신은 무엇을 더 두려워하나요, 가난입니까 아니면 스스로를 배신하는 일입니까?

진정한 세계는 우화다

'진정한 세계'는 그저 하나의 우화에 불과하다.

우리는 "진짜 세계"가 있다고 믿습니다. 현상 너머의 본질, 겉모습 뒤의 진실 말입니다. 플라톤은 이데아를, 기독교는 천국을, 근대 사유는 절대적 객관성을 말합니다. 하지만 니체는 정면으로 도발합니다. 그런 "진정한 세계"는 발견된 실재라기보다, 이 삶을 평가하는 기준으로 설정된 하나의 이야기였다고.

왜 우리는 "진정한 세계"를 설정해 왔을까요? 그것은 현실을 평가하고 서열화하는 가치 체계가, 지금 여기의 삶을 충분하지 않은 것으로 만들었기 때문입니다. 이 삶을 온전히 긍정하지 못하는 조건 속에서, 우리는 삶을 대신해 줄 더 나은 세계를 필요로 했습니다. 그렇게 저 너머에, 죽음 이후에, 본질의 영역에 "진정한 세계"가 놓이게 되었습니다.

하지만 그 상상은 우리를 현실에서 멀어지게 만듭니다. "진짜"는 저기 있고 "가짜"는 여기 있다고 믿으면, 우리는 지금 여기의 삶을 경시하게 됩니다. 현실의 삶을 부정하고, 저 너머의 세계를 기다리며 살게 됩니다.

니체는 진정한 세계와 현상 세계를 나누는 이분법 자체를 문제 삼습니다. 그 구분이 이 삶을 부차적인 것으로 만들고 삶의 힘을 약화시키는 방식으로 작동할 때, 그는 그것을 허구라고 부릅니다. 이것은 허무주의가 아닙니다. 오히려 그 반대입니다. 다른 세계가 없다는 말은 의미를 미뤄둘 곳이 없다는 뜻이며, 그렇다면 이 세계를 언젠가 떠날 장소로 미루지 말고 지금 여기서 살아갈 삶으로 긍정해야 합니다. 완벽하지 않아도, 고통스럽고 불완전하더라도 이것이 우리가 가진 전부이기 때문입니다.

니체가 문제 삼은 것은 저 너머를 믿는 행위 자체가 아니라 그 믿음이 이 삶을 대체하는 순간입니다. 이 삶을 대신할 세계를 만들어 현재를 미뤄두지 말라는 경고에 가깝습니다. 다른 세계를 상상하더라도, 그 때문에 이 세계를 포기하지 말라는 뜻입니다. 니체의 비판은 신앙의 진위를 겨냥한 것이 아니라, 신앙이 이 삶을 대신하는 순간을 겨냥한 것입니다.

당신에게 던지는 질문

당신은 어떤 '진정한 세계'를 기다리며 현실을 놓치고 있나요?

맹목을 넘어 이해로

옛 성현의 가르침을 배우되
맹목적으로 따르지 말고 그 이치를 깨달아야 한다.

다산은 경전을 연구했지만 그 자체를 절대적 권위로 받아들이지는 않았습니다. 주자의 해석도, 전통적 주석도 예외 없이 비판적으로 검토했습니다. 그래서 『논어고금주』 같은 비판적이고 독창적인 주석서를 쓸 수 있었습니다. 그에게 이해 없는 추종은 진정한 배움이 아니었습니다.

맹목적으로 따르는 것은 쉽습니다. 생각할 필요도 없고, 판단할 필요도 없고, 책임질 필요도 없습니다. 그저 따르기만 하면 됩니다. 하지만 그것은 사유를 포기한 노예의 태도입니다. 자유로운 정신의 태도가 아닙니다.

성현의 가르침도 그들이 살았던 시대의 산물입니다. 그들도 결코 완벽하지 않았고, 자신들의 시대적 한계 안에서 사유했습니다. 그들을 존경하되 신격화하지 말아야 합니다. 그들의 가르침을 배우되 비판적으로 검토해야 합니다.

이치를 깨닫는다는 것은 결론이 아니라 그 결론에 이르는 사고의 과정을 이해하는 것입니다. 무조건 받아들이는 것이 아니라, 논리를 따져보고, 근거를 확인하고, 자신의 경험과 시대의 현실에 비추어 검증해보는 것입니다. 그래야 진짜 자기 것이 됩니다.

다산은 공자를 존경했지만 맹목적으로 따르지 않았습니다. 공자의 말씀을 깊이 연구하고, 그 이치를 파악하고, 자신의 시대에 맞게 재해석했습니다. 그래서 그의 학문은 시대가 바뀌어도 다시 읽힐 수 있었습니다.

성현의 가르침을 배우십시오. 하지만 그것을 이해하려 노력하십시오. 왜 그렇게 말했는지, 오늘날에도 적용할 수 있는지, 다른 해석의 여지는 없는지. 맹목이 아니라 이해에 도달하려는 배움의 태도를 택하십시오.

당신에게 던지는 질문

당신은 배운 것을 이해하려 하기보다 그대로 따르고 있지는 않나요?

날개를 달아주는 글

나는 짐을 더 얹기 위해 쓰지 않는다.
나의 문장은, 스스로 날아오를 수 있는 자를 위한 것이다.

철학은 대체로 무겁습니다. 그것은 의무를 말하고, 책임을 강조하며, 인간을 짓누르곤 합니다. 하지만 니체의 철학은 다릅니다. 그는 사람들을 안락하게 위로하기보다, 스스로의 힘으로 자유를 획득하고 삶을 감당할 수 있는 존재로 만들려 합니다.

많은 철학자들이 "해야 한다"를 말합니다. 이렇게 살아야 한다, 저렇게 생각해야 한다, 이것이 의무다. 하지만 니체는 외부의 명령 대신 스스로를 시험하고 넘어서야 하는 가능성을 던집니다. 그는 이렇게 되라고 말하지 않고, 스스로를 시험하고 넘어설 가능성을 던집니다.

날개는 가벼움의 상징입니다. 땅에 묶여 있지 않고, 중력을 거스르고, 하늘로 날아오르는 것. 니체가 원하는 것은 바로 이 지점입니다. 사람들이 무거운 도덕의 짐과 타인의 기대를 스스로 의심하고, 그 결과로 자기 방식의 비행을 감당하게 되는 것.

하지만 날개를 달아준다는 것은 안전을 보장한다는 뜻이 아닙니다. 날아오르는 것은 위험합니다. 떨어질 수도 있고, 길을 잃을 수도 있습니다. 니체에게 중요한 것은 안전한 정착이 아니라 추락의 가능성을 포함해서도 비행을 선택할 수 있는 힘입니다.

니체의 글은 읽는 이를 불안하게 만듭니다. 안전하다고 믿어온 토대 자체를 의심하게 만들기 때문입니다. 익숙한 것을 버리고, 새로운 것을 시도하고, 위험을 감수하라고 말합니다. 그것은 짐을 더하는 글이 아니라, 비행을 감당할 수 있는 날개를 건네는 글입니다.

당신에게는 날개가 있습니까? 아니면 여전히 땅에 묶여 있습니까? 니체의 글은 독자에게 무엇을 내려놓을지, 그리고 그 대가를 감당할 수 있을지를 스스로 묻게 만듭니다. 니체에게 비행은 보상의 약속이 아니라 추락의 가능성까지 포함해 스스로를 시험하는 선택입니다.

당신에게 던지는 질문

당신은 무엇을 내려놓아야 날 수 있나요?

판단과 침묵의 미덕

말은 적을수록 실수가 적고,
판단은 늦을수록 깊어진다.

우리는 빠르게 말하고 즉시 판단하는 것을 능력으로 여깁니다. 침묵은 뒤처짐처럼 보이고, 망설임은 무능으로 취급됩니다. 그러나 삶은 빠른 대답보다 정확한 이해를 더 요구합니다.

말이 적다는 것은 비어 있다는 뜻이 아닙니다. 오히려 말보다 생각이 앞서 있다는 증거입니다. 충분히 듣고 충분히 헤아린 사람은 쉽게 말을 꺼내지 않습니다. 그의 침묵에는 관찰이 있고, 배려가 있으며, 책임이 담겨 있습니다. 그래서 그가 내뱉는 한마디는 결코 가볍지 않습니다.

판단 또한 마찬가지입니다. 서둘러 내린 판단은 대개 감정의 그림자를 함께 품고 있습니다. 상황을 다 보기도 전에 결론부터 내리면, 진실은 쉽게 왜곡됩니다. 반면 늦은 판단은 시간을 통과하며 불필요한 감정을 덜어내고 본질만 남깁니다.

그래서 깊은 사람은 서두르지 않습니다. 말보다 먼저 마음을 가다듬고, 판단보다 먼저 맥락을 살핍니다. 그가 늦게 내리는 결론은 흔들리지 않고 오래 남습니다.

또한 침묵은 관계를 지키는 하나의 방식이 되기도 합니다. 모든 진실이 즉시 말해져야 하는 것은 아니며, 때로는 기다림 자체가 배려가 됩니다. 말하지 않음으로써 상처를 덜고, 여백으로 신뢰를 남깁니다.

판단을 늦춘다는 것은 책임을 미루는 일이 아닙니다. 오히려 더 정확하게 책임지기 위한 준비입니다. 충분히 생각한 뒤의 선택은 변명보다 단단합니다.

결국 침묵과 판단은 삶의 속도를 조율하는 내면의 기술입니다. 빠름이 아닌 깊이를 택할 때, 우리는 비로소 자기 삶의 주인이 됩니다.

당신에게 던지는 질문

지금 당신의 침묵은 두려움에서 비롯된 것인가요, 아니면 이해를 향해 익어가고 있는 시간인가요?

행복한 자의 축복

행복한 자는 타인을 축복하려 애쓰지 않는다.
축복은 그에게서 자연스럽게 흘러넘친다.

행복은 자연스럽게 주변으로 흘러넘칩니다. 니체에게서 행복은 목표나 덕목이 아니라 삶의 힘이 넘쳐흐를 때 자연스럽게 드러나는 상태입니다. 삶의 힘이 흘러넘쳐 타인에게 축복으로 드러납니다.

니체가 보기에 삶의 힘이 고갈된 상태에서는 세계와 타인을 향한 원망이 쉽게 생겨납니다. 그들은 세상을 원망하고, 타인의 행복을 시기하고, 모든 것을 부정적으로 해석합니다. 그들의 불행은 주변을 어둡게 만듭니다. 반대로 삶의 힘이 충만한 상태에서는 세계를 향한 긍정이 자연스럽게 나타나고, 그 결과 타인의 기쁨도 위협이 되지 않습니다.

진짜 행복은 소유가 아니라 상태입니다. 니체에게서 중요한 것은 존재가 행복하다는 선언이 아니라, 삶이 스스로를 긍정할 만큼의 힘을 가지고 있느냐입니다. 그런 상태에서는 베

품이 의무가 아니라 넘쳐흐르는 힘의 자연스러운 결과로 나타납니다.

축복은 거창한 행위가 아닙니다. 그것은 미소이고, 따뜻한 말이고, 진심 어린 관심입니다. 니체에게서 축복은 의도된 선행이 아니라 삶의 힘이 주변에 미치는 효과에 가깝습니다. 그들과 함께 있으면 세상이 조금 더 살 만해 보입니다.

삶의 힘이 약화된 상태에서는 소유가 늘어나도 만족이 생기기 어렵습니다. 그들은 끊임없이 더 요구하고, 타인과의 관계를 결핍의 관점에서 다루며, 자신의 공허함을 채우려 합니다. 하지만 그 공허함은 외부로부터 채워지지 않습니다.

행복을 애써 꾸미려 하지 마십시오. 니체의 관점에서 축복은 목표가 아니라, 삶이 스스로를 긍정할 만큼 충만해졌을 때 뒤따르는 결과일 뿐입니다. 억지로 친절할 필요가 없습니다. 행복은 저절로 흘러넘칩니다. 당신이 진정으로 행복하다면, 당신의 존재 자체가 세상에 대한 축복이 됩니다.

당신에게 던지는 질문

당신의 삶은 스스로를 긍정할 만큼의 힘을 가지고 있나요? 만약 그렇다면 그 힘은 주변에 어떤 영향을 미치고 있나요?

날마다 새로워지기

학문은 날로 새롭게 해야 하며
어제의 나보다 오늘의 내가 나아져야 한다.

다산에게 학문은 쌓아 두는 지식이 아니었습니다. 그것은 날마다 자신을 다시 세우는 과정이었습니다. 매일 새로운 것을 배우고, 어제보다 나아지고, 계속 발전하는 과정. 멈추는 순간 이미 뒤로 가고 있는 것입니다.

"날로 새롭게"—이는 『대학』에 담긴 가르침입니다. 매일 의식적으로 자신을 고쳐 나가는 것. 극적인 변화가 아니라, 꾸준한 개선. 오늘이 어제보다 조금 나으면, 1년 후에는 지금과 많이 다른 사람이 됩니다.

많은 사람들은 어제와 오늘이 같습니다. 같은 생각을 하고, 같은 방식으로 행동하고, 같은 수준에 머뭅니다. 변화가 없습니다. 5년 전의 그와 지금의 그가 다르지 않습니다. 그것은 살아가는 것이 아니라 어제를 복사하는 삶입니다.

어제의 나보다 나아진다는 것은 반드시 확인 가능해야 합니다. 막연히 더 나아지겠다는 것이 아니라, 오늘 무엇을 배웠고, 무엇을 개선했고, 어떤 점에서 성장했는지 명확해야 합니다. 측정할 수 없으면 개선은 의지에 머뭅니다.

다산은 매일 성장했습니다. 어제 읽지 못한 책을 오늘 읽고, 어제 이해하지 못한 것을 오늘 깨닫고, 어제의 부족함을 오늘 채웠습니다. 18년에 이르는 유배 기간 동안 거의 하루도 거르지 않고. 그래서 그는 시간이 쌓인 학자가 되었습니다.

오늘 잠들기 전에 반드시 스스로에게 물어보십시오. 나는 어제보다 나아졌는가? 무엇을 배웠는가? 어떤 점에서 성장했는가? 만약 답이 없다면, 오늘은 흘려보낸 하루였을지도 모릅니다. 내일은 다르게 사십시오. 날마다 새로워지십시오.

당신에게 던지는 질문

당신은 오늘 어제의 자신과 무엇이 달라졌나요?

시간은 원이다

모든 진리는 내게 구부러져 있다.
시간 자체가 하나의 원이다.

직선적 시간은 하나의 해석일 뿐입니다. 시간을 직선으로 이해해온 사고방식에 맞서 니체는 시간이 끝을 향해 나아가는 질서가 아니라 반복을 가정해 보게 만드는 사유의 형식이라고 제안합니다.

우리는 시간을 과거-현재-미래로 나눕니다. 출발점이 있고 목적지가 있는 직선. 진보의 서사, 발전의 이야기. 하지만 니체는 그 서사를 거부하며 시간이 어디론가 가는 질서가 아니라 되돌아오는 것으로 사유해 보라고 우리를 밀어붙입니다.

원형으로 사유된 시간에는 끝이나 도착, 완성이라는 개념이 없고 오직 반복과 회귀만이 남습니다. 이것은 허무할까요? 아닙니다. 오히려 그것은 매 순간을 무한히 중요하게 만듭니다.

"모든 진리는 구부러져 있다"는 니체의 태도는 절대적이고 단일한 진리가 존재한다는 믿음을 거부하고 모든 진리가 관점 속에서만 성립한다는 사유를 드러냅니다. 진리는 관점에 따라 휩니다. 당신이 서 있는 곳에 따라 다르게 보입니다. 직선으로 보이는 것도, 다른 각도에서 보면 곡선입니다.

원 위에는 중심이 없습니다. 모든 점이 똑같이 중요합니다. 시작도 끝도 없습니다. 지금 이 순간이 바로 영원을 견뎌야 할 지점입니다. 과거도 미래도 아닌, 지금 여기. 원 위의 이 점.

직선적으로 생각하지 마십시오. "언젠가", "나중에", "결국"—이런 말들은 현재를 희생시킵니다. 만약 시간을 원으로 사유한다면, 나중이라는 말로 현재를 유예하는 태도는 더 이상 설득력을 갖지 못합니다. 그렇게 사유할 때 우리에게 남는 것은 오직 지금이라는 이 순간뿐입니다. 이 순간이 똑같이 무한히 반복된다고 가정할 때에도 당신은 지금의 삶을 그대로 다시 원할 수 있겠습니까? 그렇게 사십시오. 지금.

당신은 직선 위를 걷고 있나요, 아니면 원 위를 춤추고 있나요?

잘못을 고치는 용기

잘못을 저질렀을 때는 숨기지 말고
바로 고치는 것이 군자의 도리다.

다산은 자식들에게 이 원칙을 반복해서 강조했습니다. 잘못했으면 인정하고, 숨기지 말고, 즉시 고치라고. 잘못 자체보다, 그것을 숨기고 고치지 않는 태도가 더 큰 문제라고.

잘못을 숨기는 것은 본능적인 반응입니다. 부끄럽고, 창피하고, 비난받을까 두렵습니다. 하지만 숨기는 순간, 잘못은 통제 불가능한 문제로 변하기 시작합니다. 작은 잘못이 거짓말로 덮이고, 거짓말이 또 다른 거짓말을 낳고, 결국 감당할 수 없게 됩니다.

군자는 잘못을 인정하는 것을 체면보다 우선합니다. "내가 틀렸다", "미안하다", "고치겠다"—이 말을 할 수 있습니다. 자존심을 지키기 위해 잘못을 감추는 것이 아니라, 정직하게 인정하고 바로잡습니다.

바로 고친다는 것은 행동의 방향을 즉시 바꾸는 일입니다.

인정만 하고 고치지 않으면 소용없습니다. "미안해" 하고 끝나는 것이 아니라, 같은 실수를 반복하지 않도록 행동을 바꾸는 것입니다. 진정한 사과는 말이 아니라 이후의 선택으로 증명됩니다.

다산은 실수를 인정하고 고치는 데 주저하지 않았습니다. 자신의 초기 견해가 틀렸다고 판단하면, 솔직히 인정하고 수정했습니다. 그래서 그의 학문은 스스로를 갱신할 수 있었습니다. 잘못을 고칠 줄 아는 사람만이 같은 자리에 머물지 않습니다.

당신의 잘못을 숨기지 마십시오. 인정하십시오. 그리고 즉시 고치십시오. 잘못을 인정하는 것은 약함이 아니라 강함입니다. 자신의 잘못을 바로잡을 용기를 가진 사람이 군자의 길에 서 있습니다.

당신에게 던지는 질문

당신은 잘못을 즉시 인정하고 행동을 바꿀 용기가 있나요?

자기 초월의 고통

만약 신들이 존재한다면,
내가 신이 아니라는 사실을
나는 어떻게 견딜 수 있겠는가.

이 말은 오만처럼 들리지만 니체가 겨냥한 것은 자기 과시가 아니라 인간이 자기 자신을 넘어서고자 할 때 피할 수 없이 발생하는 근본적인 긴장입니다. 우리는 무한을 꿈꾸지만 유한한 존재이고, 전능을 갈망하지만 스스로의 한계를 지닌 존재입니다.

신이 인간 삶의 최종 기준으로 작동할 때 인간은 자신의 한계를 스스로 시험하기보다 이미 규정된 경계 안에 머무르게 됩니다. "너는 여기까지다"라는 초월적 규정 아래에서 인간은 자신의 가능성을 스스로 판단하기보다 외부의 기준에 기대게 됩니다. 니체가 말하는 자유로운 정신은 이러한 외부의 규정에 자신을 맡기지 않고 스스로의 한계를 시험하려는 태도입니다.

니체가 문제 삼은 것은 인간이 자신의 판단과 책임을 초월적 기준에 위임해온 방식이었습니다. 우리는 오랫동안 가치와 의미의 근거를 스스로 만들기보다, '신'이라는 이름의 절대적 기준에 의존해왔고 그 결과 의미를 창조해야 할 요구 자체가 사유의 중심에서 물러나게 되었습니다.

그래서 니체가 "신은 죽었다"고 말했을 때, 그것은 신의 부재를 선언한 말이 아니라 신이라는 기준이 더 이상 인간 삶의 의미와 가치를 보증하지 못하게 되었다는 진단이었습니다. 이제 인간은 외부의 판단에 기대어 자신의 삶을 정당화하는 방식으로는 더 이상 살아갈 수 없습니다.

니체가 말한 자유란, 스스로 판단하고 가치를 만들며 그 결과에 대해 책임지는 상태입니다. 그가 거부한 것은 신의 존재가 아니라 인간이 자신의 삶을 대신 판단해 줄 권위에 의존해온 태도였습니다. 초월적 기준이 물러난 자리에 자동으로 허무가 생기는 것은 아닙니다. 그 자리에 드러나는 것은 인간이 스스로 감당해야 할 책임이며, 이제 인간은 자기 삶의 가치에 대해 스스로 결정하고 그 무게를 견뎌야 하는 존재가 됩니다.

당신에게 던지는 질문

당신은 자신의 가치에 대해 스스로 책임질 각오가 되어 있나요?

유배자 자식의 학문

너희들은 비록 유배자의 자식이지만 학문을 게을리하지 말고
날마다 책을 읽어 덕을 쌓아라.

다산이 자식들에게 보낸 편지에는 간절함이 배어 있습니다. 유배자 자식이라는 사회적 낙인이 찍혔지만, 그것이 인생을 결정하지 않는다고. 학문으로 반드시 극복할 수 있다고. 날마다 책을 읽으면 언젠가 인정받을 것이라고.

환경은 불리할 수 있습니다. 태어난 곳이 험할 수도, 가정 형편이 어려울 수도, 사회적 낙인이 있을 수도 있습니다. 하지만 그것이 전부가 아닙니다. 학문으로, 노력으로, 덕으로 자신의 자리를 다시 세울 수 있습니다.

다산의 자식들은 아버지의 유배로 인해 불리한 조건 속에서 성장했습니다. 아버지는 멀리 있었고, 가난했고, 사회에서 배제되어 있었습니다. 하지만 그들은 아버지의 가르침대로 학문을 게을리하지 않았습니다. 매일 책을 읽고, 학문을 이어가며 덕을 쌓았습니다.

결과는 놀라웠습니다. 다산의 자식들은 학문과 인품을 두루 갖춘 인물로 성장했습니다. 유배자 자식이라는 낙인을 학문으로 지웠습니다. 환경은 그들의 한계를 규정하지 못했습니다. 끝까지 이어간 학문과 태도가 그들을 정의했습니다.

당신이 처한 환경이 불리할 수 있습니다. 하지만 그것을 핑계 삼지 마십시오. 학문으로 자신의 조건을 넘어가십시오. 날마다 책을 읽고, 덕을 쌓고, 자신을 개선하십시오. 환경은 출발점일 뿐, 도착점은 당신이 결정합니다.

당신에게 던지는 질문

당신은 환경을 핑계로 지금 할 수 있는 노력을 미루고 있지는 않나요?

깊이의 속도

깊이란, 서두르지 않고
경험을 끝까지 통과해 내는 힘이다.

빠름이 미덕이 된 시대입니다. 빨리 배우고, 빨리 성공하고, 빨리 소비합니다. 하지만 니체는 보았습니다. 깊이는 속도에서가 아니라, 경험을 견디는 방식에서 생긴다는 것을.

깊이 있는 사람은 속도를 늦춘다기보다 경험을 중간에서 끊지 않고 끝까지 통과하려는 태도를 가집니다. 그들은 경험을 빨리 소비하지 않고 한 번의 사유와 사건이 자신을 어디까지 데려가는지 끝까지 밀어붙입니다. 빠르게 많은 것을 경험하는 것보다, 천천히 깊게 경험하는 것을 택합니다.

문제는 경험의 양이 아니라 그것이 끝까지 통과되지 못한 채 표면에서 멈춘다는 데 있습니다. 스쳐 지나가고, 표면만 훑고, 다음으로 넘어갑니다. 그렇게 쌓인 경험은 깊이가 아니라 소음입니다.

깊이 있게 경험한다는 것은 머무른다는 뜻이 아니라 불편함과 긴장을 포함한 경험 전체를 끝까지 감당한다는 뜻입니다. 고통스러운 순간에서도 도망치지 않고 기쁜 순간도 서둘러 지나치지 않고, 그 경험이 자신이 되도록 끝까지 감당하는 것입니다.

니체에게 반추란 스스로를 편안하게 정리하는 시간이 아니라 경험이 남긴 흔적을 견디며 다시 마주하는 과정입니다. 경험과 경험 사이의 공백, 소화의 시간, 내면화의 과정. 이것 없이는 아무리 많은 경험도 당신을 바꾸지 못합니다. 빠르게 지나가는 것은 흔적을 남기지 않습니다.

니체는 경험을 서둘러 끝내려는 태도 자체를 의심하라고 요구합니다. 한 가지를 깊이 경험하는 것이 백 가지를 얕게 경험하는 것보다 낫습니다. 깊이는 속도의 문제가 아니라 경험을 회피하지 않고 끝까지 통과해 내는 힘에서 생깁니다. 서두르지 않는 태도 속에서만 깊이는 비로소 모습을 드러냅니다.

당신에게 던지는 질문

당신은 한 경험을 끝까지 통과할 각오가 되어 있나요?

형제의 우애

형제는 한 몸과 같으니 서로 우애하고 화목하여
부모의 마음을 편안하게 해야 한다.

다산은 유배지에서 무엇보다 자식들 사이의 불화를 걱정했습니다. 아버지가 없는 동안 형제들이 다투면 가족이 흩어질 수 있었습니다. 그 두려움 때문에 그는 편지마다 형제간의 우애를 강조했습니다.

형제는 특별한 관계입니다. 같은 부모에게서 태어나고, 같은 피를 나누고, 평생을 함께합니다. 친구는 선택할 수 있지만 형제는 선택할 수 없습니다. 그래서 더욱 책임이 따릅니다.

형제가 다투는 것은 부모의 마음을 가장 깊이 아프게 하는 일입니다. 가장 사랑하는 자식들이 서로 미워하는 것을 보는 것만큼 고통스러운 일이 없습니다. 반대로 형제가 우애하면, 부모는 마음이 편안합니다. 자식들이 서로 의지하며 살아가는 모습을 보는 것이 부모의 가장 큰 기쁨입니다.

형제를 한 몸에 비유한 것은 삶의 무게를 함께 나누는 관계라는 뜻입니다. 한 형제가 잘되면 다른 형제도 영광이고, 한 형제가 어려우면 다른 형제도 고통입니다 형제는 쉽게 분리될 수 없는 관계입니다. 그래서 서로 돕고 격려하며 함께 성장해야 합니다.

다산의 자식들은 이 가르침을 마음에 새기며 지냈습니다. 아버지가 멀리 떨어져 있는 동안에도 형제들은 서로 의지하며 관계를 지키려 애썼습니다. 그 우애는 가족을 하나로 붙들어 주는 힘이 되었습니다.

형제를 소중히 여기십시오. 사소한 일로 관계를 가볍게 대하지 마십시오. 이익 때문에 관계를 상하게 하지 마십시오. 형제는 평생의 동반자입니다. 부모가 세상을 떠나도 형제는 남습니다. 우애를 지키십시오.

당신에게 던지는 질문

당신은 형제를 말이 아니라 태도로 소중히 여기고 있나요?

별을 따르는 길

그대 자신의 별을 따르라.
그 길은 안전하지 않지만 그대 자신의 방향이 될 것이다.

모든 사람에게는 자신만의 별이 있습니다. 니체는 타인의 기준이 아니라 자기만의 방향을 따를 것을 요구합니다. 그것만이 자기 자신의 길이 될 수 있다고.

우리는 타인의 길을 따라갑니다. 성공한 사람의 방법을 모방하고, 유명한 사람의 선택을 따르고, 다수가 가는 길에 동참합니다. 하지만 그것은 당신의 길이 아닙니다. 타인의 별을 따르는 것은 자신의 방향 감각을 잃게 만듭니다.

자신의 별을 찾는 것은 쉽지 않습니다. 그것은 하늘 어딘가에 반짝이지만, 정확히 어디인지 알기 어렵습니다. 주변의 소음이 너무 크고, 타인의 별이 더 밝아 보이고, 자신의 별은 희미합니다.

하지만 조급히 답을 얻으려 하지 말고 스스로 견딜 수 있을 만큼의 고독을 허락하십시오. 타인의 목소리를 차단하고, 자신 안에서 경쟁하는 목소리들 가운데 무엇을 따를지 스스로 선택하십시오. 당신만의 별이 보이기 시작할 수도 있고, 끝내 확신 없이 걸어가야 할 수도 있습니다. 그것은 작고 희미할 수 있지만, 그것이 당신의 것입니다.

별을 따른다는 것은 확실한 지도를 따르는 것이 아닙니다. 별은 방향만 알려줄 뿐, 구체적인 길은 당신이 만들어가야 합니다. 때로는 헤매고, 때로는 잘못된 길로 가고, 때로는 별을 놓칠 수도 있습니다. 하지만 다시 찾으십시오.

타인의 별은 밝아 보이지만, 그것은 당신을 당신의 목적지로 데려다주지 않습니다. 당신의 별만이, 비록 희미해도, 타인의 목적지가 아닌 당신 자신의 방향을 만들어냅니다. 자신의 별을 따르십시오. 그러면 설령 헤매더라도, 그 방황은 남의 길이 아닌 당신 자신의 궤적이 됩니다.

당신에게 던지는 질문

당신은 자신의 별을 감당할 준비가 되어 있나요, 아니면 여전히 타인의 빛에 안주하고 있나요?

진정한 부끄러움

가난한 것을 부끄러워하지 말고,
의롭지 못한 것을 부끄러워하라.

다산은 유배지에서 극심한 가난을 겪었습니다. 하지만 그는 가난을 부끄러워하지 않았습니다. 오히려 의롭지 못한 방법으로 부를 얻는 태도 자체를 부끄럽게 여겼습니다. 자식들에게도 같은 가치관을 전했습니다.

세상은 가난을 부끄러운 것으로 여깁니다. 돈이 없으면 무시당하고 천대받습니다. 그래서 궁핍하면 숨기고 싶어 합니다. 하지만 다산은 말합니다. 가난은 부끄러운 것이 아니라고. 부끄러운 것은 의롭지 못한 것이라고.

의롭지 못하게 얻은 부는 부의 외형만 갖췄을 뿐 진정한 부라 할 수 없습니다. 부정한 방법으로, 남을 해치며, 양심을 팔아서 얻은 돈은 더럽습니다. 겉으로는 풍족해 보여도, 속으로는 부끄럽고, 마음은 편치 않습니다.

반대로 정직한 선택 끝에 남은 가난은 부끄러움의 대상이 아닙니다. 원칙을 지키다가 가난해졌고, 의를 따르다가 손해를 봤다면, 그것은 떳떳합니다. 물질적으로는 가난하지만 삶의 기준은 풍요롭습니다.

다산은 유배지에서 가난했지만 떳떳했습니다. 풀려나기 위해 말을 바꾸지 않았고, 생계를 위해 기준을 낮추지 않았습니다. 그래서 가난했지만 부끄럽지 않았고, 고통스러웠지만 당당했습니다.

가난을 두려워하지 마십시오. 부끄러워할 것은 가난이 아니라 의롭지 못한 선택입니다. 돈이 없어도 떳떳하게 사십시오. 의롭게 지킨 가난이 부정하게 얻은 부보다 낫습니다.

당신에게 던지는 질문

당신에게는 가난함과 의롭지 못함 가운데 무엇이 부끄러운 일입니까?

인간의 사랑

나는 인간을 사랑한다.
왜냐하면 인간은 건너가는 자이고 몰락하는 자이기 때문이다.

니체가 인간을 사랑하는 이유는 인간이 완성되었기 때문이 아니라 스스로를 넘어설 수밖에 없는 존재이기 때문이며, 그 존재 방식 자체가 끊임없는 생성 속에 놓여 있기 때문입니다.

인간은 건너가는 자입니다. 머무르지 않고 고정되지 않으며, 계속 변합니다. 이 불안정함이야말로 인간이 자신을 넘어설 수밖에 없게 만드는 조건입니다. 완성되지 않았기에 인간은 멈추지 않고 스스로를 넘어가게 됩니다.

인간은 몰락하는 자이기도 합니다. 그러나 니체가 말하는 몰락은 소멸이나 패배가 아니라 지금의 자신을 버리지 않으면 다음 단계로 넘어갈 수 없다는 필연적 통과를 의미합니다. 니체에게 몰락은 끝이 아니라 통과이며, 정지된 완성이 아니라 생성 그 자체의 방식입니다. 인간은 스스로를 넘어서려는 선택 속에서 자신의 무게를 획득합니다.

니체가 비판한 것은 인간의 불완전함 자체가 아니라, 그 불완전함을 결핍이나 타락으로 규정하며 인간을 저 너머의 기준 앞에 세워온 사유 방식이었습니다. 니체에게 미완성은 제거해야 할 흠이 아니라, 가능성이 열려 있다는 증거였습니다.

건너가는 자는 목적지가 아니라 과정입니다. 몰락하는 자는 멈춤이 아니라 통과입니다. 인간은 완성된 조각상이 아니라 흐르며 스스로를 갱신하는 강물입니다. 이것이 니체가 말한 생명의 방식입니다.

불완전함은 부정해야 할 것이 아닙니다. 인간은 애초에 완성된 존재가 아니라, 스스로를 넘어설 가능성 속에서 살아가는 존재이기 때문입니다. 바로 그 미완성의 상태가 인간을 끊임없이 넘어가게 만드는 존재로 만듭니다.

당신에게 던지는 질문

당신은 지금의 자신을 넘어가기 위해 기꺼이 스스로를 내려놓을 수 있나요?

타인의 장점 배우기

남의 단점을 말하지 말고,
남의 장점을 배우도록 힘써라.

다산은 자식들에게 타인을 대하는 태도를 가르쳤습니다. 남의 단점을 찾아 비난하지 말고, 장점을 찾아 배우라고 했습니다. 이것이 스스로를 키우는 사람의 태도라고.

남의 단점을 말하기는 쉽습니다. 누구나 결점이 있고, 누구나 실수를 하고, 누구나 약점이 있습니다. 그것을 찾아 지적하고, 비난하고, 퍼뜨리는 것은 어렵지 않습니다. 하지만 그것은 당신을 한 발짝도 성장시키지 못합니다.

남의 장점을 배우는 것은 어렵습니다. 그것은 겸손을 요구합니다. "저 사람에게서 배울 것이 있다"고 인정해야 하고, 자존심을 내려놓고 배워야 합니다. 하지만 이런 태도를 지닌 사람만이 자신을 확장할 수 있습니다.

모든 사람에게는 배울 점이 있습니다. 아무리 부족해 보이는 사람도 어떤 면에서는 분명 배울 점을 지니고 있습니다.

그것을 찾으려 노력하고, 배우려 하고, 자신의 것으로 흡수해 내는 것이 지혜입니다.

단점을 말하는 데 익숙해질수록, 사람은 제자리에 머물게 됩니다. 비판에 마음을 쓰는 만큼, 성찰의 시간은 줄어듭니다. 하지만 장점을 배우는 사람은 성장합니다. 타인의 강점을 흡수하며, 자신의 기준을 계속 끌어올립니다.

남의 단점을 입에 올리지 마십시오. 대신 장점을 찾으십시오. 모든 만남을 배움의 기회로 만드십시오. 그 사람에게서 무엇을 배울 수 있는지 물으십시오. 그것이 성장하는 사람의 태도입니다.

당신에게 던지는 질문

당신은 타인의 단점을 말하는 데 힘을 쓰고 있나요, 아니면 장점을 배우는 데 힘을 쓰고 있나요?

나를 위한 글쓰기

나는 나를 위해 쓴다.
대중을 만족시키기 위해서가 아니라,
나 자신을 기록하고 시험하기 위해서다.

니체는 독자를 먼저 떠올리며 쓰지 않습니다. 그는 자기 자신을 상대로 씁니다. 이것은 이기심의 문제가 아니라, 사유를 끝까지 자기 자신에게서 길어 올리려는 태도입니다. 니체에게 창작은 타인의 기대가 아니라, 자기 자신을 끝까지 밀어붙이려는 내적 필요에서 시작됩니다.

타인을 먼저 의식해 쓰기 시작하면 사유는 자신의 힘이 아니라 외부의 반응에 맞춰 조정되기 시작합니다. 이해받기 쉬운 표현, 무난한 생각, 익숙한 결론으로 기울어집니다. 그러나 니체에게 글쓰기는 타협의 기술이 아니라, 자기 자신을 시험하는 실험의 형식이었습니다.

니체에게 "나를 위해 쓴다"는 말은 과거를 보존하겠다는 뜻이 아닙니다. 그것은 지금의 자신을 보존하려는 태도가 아니라, 자신을 계속 넘어가게 만드는 생성의 실천에 가깝습니다.

니체가 말한 글쓰기의 즐거움은 가벼운 쾌락이 아닙니다. 그것은 사유가 흐릿함을 벗어날 때, 자신이 이전에는 버티지 못하던 사유의 강도를 이제는 감당할 수 있게 되었다는 감각에서 생겨납니다.

이렇게 자신을 위해 쓰인 글은 역설적으로 타인에게 오래 남습니다. 꾸며진 문장이 아니라, 자기 자신을 통과한 사유이기 때문입니다. 타인을 위해 꾸며진 글이 아니라, 자신에게 정직한 글. 니체에게 영향력은 의도된 목적이 아니라, 사유가 자기 자신을 끝까지 통과했을 때 뒤따라오는 흔적에 불과했습니다.

당신은 누구를 위해 살고 있습니까? 타인의 기대에 맞추고 있습니까? 니체는 말합니다. 삶도 글쓰기처럼, 먼저 자기 자신을 향해 써야 한다고. 그 삶은 흔히 이기적으로 오해되기 쉽습니다. 그러나 니체에게 의미는 먼저 자기 자신에게 성립될 때에만 타인에게도 도달합니다.

당신에게 던지는 질문

당신은 지금 자기 자신을 시험하는 삶을 살고 있나요?

소리 내어 읽기

책을 읽을 때는 반드시 소리 내어 읽고
그 뜻을 깊이 생각해야 한다.

다산은 자식들에게 독서법을 구체적으로 가르쳤습니다. 소리 내어 읽으라고, 빨리 훑지 말고 천천히 읽으라고, 읽은 뒤에는 그 뜻을 깊이 생각하라고 했습니다. 이것이 생각을 남기는 독서법이라고.

소리 내어 읽으면 생각이 흩어지지 않습니다. 눈으로만 읽으면 글자를 스쳐 지나가지만, 소리 내어 읽으면 한 글자 한 글자에 주의를 기울이게 됩니다. 귀로도 듣게 되어 이중으로 입력되고, 기억에도 더 잘 남습니다.

빠르게 많이 읽는 것보다 천천히 깊이 읽는 것이 낫습니다. 백 권을 훑는 것보다 한 권을 제대로 읽는 것이 더 유익합니다. 속도가 아니라 이해의 깊이가 중요합니다.

읽은 후에는 반드시 자신의 생각으로 정리하는 시간이 필요합니다. 저자가 무엇을 말하려 했는가? 이것이 내 삶에 어떤 의미를 지니는가? 그리고 이 내용을 나는 어디에 적용할 수 있는가? 이런 질문들을 던지며 책의 내용을 소화해야 합니다.

다산 자신이 이렇게 읽었습니다. 경전을 소리 내어 읽고, 한 구절을 며칠씩 곱씹고, 그 의미를 깊이 탐구했습니다. 그래서 그는 기존의 해석을 그대로 반복하지 않을 수 있었고, 독창적 사상을 전개할 수 있었습니다.

책을 제대로 읽으십시오. 소리 내어, 천천히, 의미를 붙잡으며 읽으십시오. 많이 읽는 것에 집착하지 마십시오. 한 권을 깊이 읽는 것이 백 권을 훑는 것보다 낫습니다.

당신에게 던지는 질문

당신은 책을 의미가 남을 만큼 깊이 읽고 있나요?

높이 오르는 법

높이 오르려는 자는
자신의 다리를 이용해야 한다.

높이란 주어지는 것이 아니라 스스로 형성되는 것이며 니체가 강조한 것은 인간이 자기 자신의 힘으로만 자신이 설 수 있는 높이를 만들어낸다는 점입니다.

우리는 쉬운 길을 찾습니다. 누군가의 도움, 행운, 요령. 하지만 진짜 높이는 그렇게 도달하지 못합니다. 자기 힘으로 형성되지 않은 높이는 불안정하며 스스로를 지탱할 힘을 남기지 않기에 끝내 자신의 것이 되지 않습니다.

자신의 다리로 오르는 것은 고통스럽습니다. 숨이 차고, 다리가 아프고, 포기하고 싶습니다. 그 과정 속에서만 힘이 생겨나고, 매번의 걸음은 자기 자신을 떠받칠 능력으로 단련됩니다. 그렇게 단련된 힘만이 자신을 지탱합니다.

어떤 사람들은 다른 사람의 등에 업혀 높은 곳에 올라갑니다. 그러나 그런 높이는 스스로를 지탱할 능력을 남기지 않습니다. 스스로 오른 사람만이 그 높이를 견딜 힘을 가지며 그 힘은 외부 조건이 바뀌어도 쉽게 붕괴되지 않습니다.

높이 오르는 과정에서 당신은 변합니다. 산 아래의 당신과 정상의 당신은 다른 사람입니다. 오르는 과정 속에서 인간은 이전과 다른 존재로 형성됩니다. 과정을 견디지 않은 성취는 인간을 바꾸지 못하고, 힘을 남기지도 않습니다.

니체는 지름길을 경계합니다. 인간을 바꾸는 것은 도착이 아니라, 스스로 오르는 과정이기 때문입니다. 니체에게 높이란 그곳에 도달했다는 결과가 아니라 그곳까지 자신을 끌어 올릴 수 있는 힘을 스스로 형성했다는 증거입니다.

당신에게 던지는 질문

당신은 지금 자신의 힘으로 형성한 높이에 서 있나요, 아니면 남의 힘 위에 서 있나요?

어려운 처지의 바른 마음

어려운 처지에 있더라도 마음을 바르게 하고
하늘을 우러러 부끄럽지 않게 살아라.

다산은 그야말로 혹독한 처지에 놓여 있었습니다. 유배형을 받고, 가족과 떨어지고, 극심한 가난 속에 있었습니다. 하지만 그는 끝까지 마음의 기준을 놓지 않으려 했습니다. 환경이 아무리 열악해도 정신만은 스스로 붙들고자 했습니다.

어려운 처지는 사람의 마음을 시험합니다. 가난하면 부당한 선택의 유혹이 오고, 억울하면 원망의 마음이 생기며, 절망하면 포기하고 싶어집니다. 많은 사람들이 이 시험 앞에서 흔들립니다. 환경의 압박이 마음까지 무너뜨리게 만들기도 합니다.

하지만 마음을 지키려는 사람은 환경과 마음을 구분하려 노력합니다. 환경은 통제할 수 없지만 마음의 태도는 스스로 선택할 수 있습니다. 가난해도 정직할 수 있고, 고통스러워도 원망하지 않을 수 있으며, 절망 속에서도 희망을 지킬 수 있습니다.

하늘을 우러러 부끄럽지 않다는 것은 자기 양심 앞에서 숨길 것이 없다는 뜻입니다. 어떤 일을 하든 스스로에게 떳떳하고, 누가 보든 당당하며, 후회 없이 삶을 돌아볼 수 있는 상태. 이것이 어떤 처지에서도 무너지지 않는 마음입니다.

다산은 18년의 유배 기간 동안 이렇게 살았습니다. 환경은 최악이었지만 마음은 바로 지켰습니다. 그래서 그는 고통 속에서도 스스로를 단속했고, 가난 속에서도 떳떳함을 지켰으며, 절망적인 상황에서도 존엄을 놓지 않았습니다.

당신이 처한 환경이 어려울 수 있습니다. 하지만 마음만은 바르게 지키십시오. 환경 때문에 자기 기준을 내려놓지 마십시오. 어떤 처지에서도 하늘을 우러러 부끄럽지 않게 사십시오.

당신에게 던지는 질문

당신은 어려운 처지에서도 끝까지 지키려는 기준이 있나요?

편안한 자신이라는 확신

도덕은 무리의 자기보존 본능에서 태어난 규범이다.

니체가 비판한 도덕은 개인의 삶을 고양하기 위한 규범이 아니라, 무리의 안정과 보존을 위해 작동하는 가치 체계였습니다. 이 도덕은 차이와 충동을 위험한 것으로 규정하고, 개인이 지닌 힘을 평균 속에 묻어 둡니다. 니체가 말한 '무리 도덕'이란, 개인의 고유성을 희생시켜 집단의 안정을 확보하려는 도덕을 가리킵니다.

무리는 일탈을 두려워합니다. 누군가 다르게 행동하면, 그것은 무리의 균형을 흔드는 위협이 됩니다. 그래서 도덕이 만들어집니다. "이렇게 해야 한다", "저렇게 하면 안 된다"—이런 규칙들은 개인을 통제하고, 무리 안에 묶어두기 위한 것입니다.

니체가 보기에 무리의 도덕 안에서 도덕적이라는 말은 종종 순응적이라는 뜻으로 사용됩니다. 문제를 일으키지 않고,

튀지 않고, 다른 사람들과 같은 방식으로 행동하는 것. 무리는 이것을 미덕이라고 부르지만 니체에게 그것은 무리의 안정을 위한 편리함에 가깝습니다.

하지만 예외적인 개인은 무리의 도덕을 넘어섭니다. 그들은 자신만의 가치를 만들고 자신만의 기준을 세우며, 무리의 비난과 고립을 감수한 채 자신의 길을 갑니다. 무리는 그들을 부도덕하다고 비난하지만 니체에게 그 비난은 곧 그들이 무리의 기준에 의해 규정되지 않는 존재가 되었다는 징후가 됩니다.

무리의 도덕에 안주하지 마십시오. 모두가 옳다고 하는 것이 정말 옳은지 의심하십시오. 도덕은 절대적인 기준이 아니라, 역사 속에서 형성된 산물입니다. 시대와 장소에 따라 다르고 무리의 필요에 따라 만들어집니다. 당신 자신의 가치를 의심과 책임 속에서 세우십시오. 무리의 승인이 아니라, 그 대가까지 스스로 감당하겠다는 결단을 따르십시오.

당신에게 던지는 질문

당신의 도덕은 정말 당신의 것인가요, 다니면 당신이 편안해지기 위해 받아들인 무리의 규범인가요?

나은 친구와 사귀기

벗을 사귈 때는 나보다 나은 사람을
가까이하여 배움이 있도록 하라.

다산은 자식들에게 신중하게 친구를 선택하라고 가르쳤습니다. 나보다 나은 사람, 배울 점이 분명한 사람을 가까이하라고. 친구의 영향은 생각보다 크기 때문입니다.

우리는 주변 사람들의 영향을 크게 받습니다. 나태한 태도에 익숙한 사람들과 어울리면 쉽게 느슨해지고, 부정적인 시선에 머무는 사람들과 함께하면 생각 또한 어두워지기 쉽습니다. 선택의 기준이 낮은 관계에 오래 머물수록, 그 영향에서 자유롭기 어렵습니다. 친구는 당신의 방향을 조금씩 바꿉니다.

나보다 나은 사람과 사귀는 것은 불편할 수 있습니다. 그들은 당신의 부족함을 드러내고, 당신을 자극하고, 더 노력하게 만듭니다. 하지만 그 불편함이 성장을 촉발합니다. 편안한 관계는 당신을 현재에 머물게 합니다.

나은 사람이란 모든 면에서 뛰어난 사람을 뜻하지는 않습니다. 어떤 한 면에서라도 배울 점이 있는 사람입니다. 학문이 깊은 사람, 인격이 훌륭한 사람, 기술이 뛰어난 사람—무엇이든 좋습니다. 당신을 성장시킬 수 있는 사람이면 됩니다.

다산은 평생 자신보다 나은 사람들과 교유하려 애썼습니다. 그 관계 속에서 배우고 자극받으며 학문을 다듬어 갔습니다. 그 축적이 그의 사유를 더욱 성숙하게 만들었습니다. 어떤 친구를 가까이하느냐는 삶의 방향에 깊은 영향을 줍니다.

당신의 친구들을 돌아보십시오. 그들은 당신을 성장시키는 사람들입니까? 아니면 그저 편안함만 주는 사람들입니까? 나은 사람을 찾으십시오. 그들과 가까이하십시오. 불편해도 좋습니다. 그것이 성장의 길입니다.

당신에게 던지는 질문

당신의 친구들은 당신을 현재에 머물게 하나요, 아니면 앞으로 나아가게 하나요?

건너가는 자와 몰락

인간의 위대함은 그가 목적이 아니라 다리라는 데 있다.
인간에게서 사랑할 수 있는 것은
그가 하나의 이행이며 몰락이라는 점이다.

인간을 완성된 존재로 규정하려는 순간, 우리는 자기 극복의 가능성을 닫아버립니다. 니체는 말합니다. 인간의 위대함은 완성이 아니라 과정에 있다고. 이행하고 변화하고 심지어 몰락하는 것에 있다고.

다리는 건너가기 위해 존재합니다. 그 위에 집을 짓거나 머물러 있으면 안 됩니다. 인간도 마찬가지입니다. 니체에게 인간은 지금의 상태에 머무를 때마다 스스로를 고정시키는 위험에 놓입니다. 계속 건너가야 합니다. 어디로 향하는지는 미리 주어지지 않습니다. 하지만 건너감 자체가 인간의 조건입니다.

몰락은 단순한 부정이나 실패가 아니라, 니체에게는 새로운 형성이 가능해질 수도 있는 통과의 국면입니다. 낡은 것이 무너져야 새것이 올 수 있습니다. 당신이 지금의 당신으로 몰락하지 않으면, 새로운 당신이 태어날 수 없습니다.

사랑할 수 있는 것은 영원한 것이 아니라 변화하는 것입니다. 고정된 조각상이 아니라 흐르는 강물입니다. 인간은 변하기에, 무너지기에, 다시 일어서기에 아름답습니다. 완결되었다고 여겨지는 것은 더 이상 생성되지 않습니다. 불완전하고 변화무쌍한 것이 살아 있는 것입니다.

니체에게 몰락은 지금의 나를 절대적인 것으로 고정하지 않으려는 태도에 가깝습니다. 그러므로 몰락은 끝이 아니라 변신입니다.

당신은 어디로 건너가고 있습니까? 당신 안의 무엇이 몰락해야 합니까? 니체에게 다리는 머무름을 허락하는 장소가 아니라, 다음을 향해 건너가라고 요구하는 자리입니다. 그 위에 머물러 있지 마십시오. 멈추어 자신을 고정시키지 마십시오. 인간의 위대함은 안정이 아니라 끊임없는 이행 속에 있습니다.

당신은 지금의 자신 가운데 무엇을 더 이상 붙들지 않으려 합니까?

조심하고 삼가는 삶

말을 함부로 하지 말고 행동을 경솔히 하지 말며
항상 조심하고 삼가라.

다산은 유배지에서 특히 이것을 강조했습니다. 한마디 말, 한 번의 행동이 삶의 안위를 좌우할 수 있는 상황이었기 때문입니다. 자식들에게도 신중함을 가르쳤습니다. 조심하고 삼가는 것이 몸을 지키는 길이라고.

말을 함부로 하면 화를 부를 수 있습니다. 화는 입에서 나오고, 실수는 말에서 시작됩니다. 생각 없이 내뱉은 한 마디가 평생의 후회가 될 수 있습니다. 말하기 전에 세 번 생각하고, 신중하게 말해야 합니다.

행동을 경솔히 하면 돌이킬 수 없습니다. 충동적으로 한 행동이 평생을 좌우하고, 한순간의 판단 착오가 큰 후회를 남길 수 있습니다. 행동하기 전에 결과를 생각하고, 신중하게 움직여야 합니다.

조심하고 삼간다는 것은 비겁하거나 움츠러드는 태도가 아닙니다. 그것은 지혜로운 태도입니다. 불필요한 위험을 피하고, 예방할 수 있는 실수를 막고, 후회할 길을 미리 차단하는 것입니다.

다산은 18년간 조심하고 삼가며 살았습니다. 말과 행동을 극도로 절제하며 하루하루를 견뎠습니다. 그래서 더 큰 화를 피할 수 있었고, 결국 살아서 돌아올 수 있었습니다.

말과 행동에 신중하십시오. 충동적으로 반응하지 마십시오. 한 템포 쉬고, 생각하고, 그다음에 말하고 행동하십시오. 조심하고 삼가는 태도는 많은 위험으로부터 당신을 지켜 줍니다.

당신에게 던지는 질문

당신은 말과 행동에 충분히 신중한가요?

진리보다 생명

니체는 진리를 절대적 기준으로 놓는 태도 자체를 의심합니다. 그는 진리가 삶을 강화하는지, 아니면 약화시키는지를 묻습니다. 니체에게 진리는 신성한 명제가 아니라, 삶을 어떤 방향으로 만들고 어떤 힘을 낳는지를 묻는 질문의 대상입니다.

어떤 해석은 견디기 어렵습니다. 삶이 무의미해 보이고, 우주가 무관심한 것처럼 느껴지며, 모든 것이 덧없다고 여겨질 때, 인간은 쉽게 무너질 수 있습니다. 니체는 그런 경우 그 해석이 어떤 삶의 형태를 낳는지, 그리고 그 삶이 강화되는지 약화되는지를 묻습니다.

오랫동안 철학은 진리를 최고의 가치로 여겨 왔습니다. 하지만 니체는 질문합니다. 왜 진리는 언제나 무조건적인 최상위에 놓여야 하는가? 진리를 위해 삶을 약화시키는 태도는 과연 정당한 것일까? 살아 있어야만 진리도 경험되고, 해석될 수 있습니다.

이것은 거짓을 옹호하는 말이 아닙니다 니체가 말하는 것은 우선순위입니다. 니체에게 판단의 출발점은 언제나 생명이며, 진리는 그 생명과의 관계 속에서만 의미를 갖습니다. 진리가 삶을 풍요롭게 하고 힘을 준다면 의미가 있지만, 삶의 의지를 약화시킨다면 비판과 재검토의 대상이 됩니다.

예술은 이 지점에서 중요한 역할을 합니다. 예술은 세계의 잔혹함을 있는 그대로 드러내기보다, 삶이 견딜 수 있는 형식으로 다시 구성합니다. 그것은 현실 도피가 아니라, 삶을 견딜 수 있을 뿐 아니라 긍정하게 만드는 해석의 힘입니다.

니체에게 진리는 숭배의 대상이 아닙니다. 진리는 삶을 강화하는 방향으로 작용할 때 의미를 가집니다. 생을 강화하는 진리는 긍정되지만, 생을 소모시키는 진리는 다시 물어야 합니다. 니체의 사유에서 생명은 언제나 판단이 시작되는 자리입니다. 삶이 있어야 어떤 진리도 의미를 가질 수 있습니다.

당신에게 던지는 질문

당신이 붙들고 있는 '진리'는, 당신의 삶을 실제로 더 살아 있게 만들고 있나요?

멀리서도 변함없는 효심

부모가 멀리 있어도 효도하는 마음은 변함없어야 하니
스스로를 잘 다스려 걱정을 끼치지 말라.

다산은 유배지에 있으면서 부모를 가까이에서 섬길 수 없었습니다. 하지만 효심만은 잃지 않았습니다. 자식들에게도 같은 마음을 거듭 당부했습니다. 아버지가 멀리 있어도 효도하는 마음은 변하지 말라고.

효도는 가까이 있을 때만 하는 것이 아닙니다. 진정한 효도는 멀리 떨어져 있어도, 볼 수 없어도 변하지 않습니다. 거리가 문제가 아니라 마음이 문제입니다.

스스로를 잘 다스리는 일 역시 효도의 한 모습입니다. 부모가 걱정하지 않도록 잘 먹고, 건강하고, 바르게 사는 것. 부모를 위해 무엇을 해드리는 것도 효도지만, 부모에게 걱정을 끼치지 않는 것도 효도입니다.

부모가 자식에게 바라는 것은 거창한 것이 아닙니다. 건강하고, 행복하고, 바르게 사는 것. 그것만으로도 부모는 만족합니다. 자식이 잘못된 길로 가거나, 고통받거나, 위험에 처하는 것이 가장 큰 고통입니다.

다산의 자식들은 이 가르침을 기억하며 살고자 했습니다. 아버지가 유배지에 있는 동안 스스로를 잘 다스렸습니다. 공부하고, 예절을 지키고, 바르게 살았습니다. 그것이 멀리 계신 아버지에 대한 효도였습니다.

부모가 멀리 계십니까? 자주 뵐 수 없습니까? 괜찮습니다. 스스로를 잘 다스리십시오. 건강하게, 바르게, 최선을 다해 사십시오. 그것이 멀리서도 할 수 있는 효도입니다.

지금 걷고 있는 이 삶의 길은, 부모가 마음을 놓아도 될 만큼 바른 방향이라 할 수 있습니까?

원망 없는 긍정

원망에 머물지 말고,
자신의 삶을 끝까지 긍정하라.
그때 비로소 삶은 후회가 아니라
끝까지 긍정되는 것으로 남는다.

삶을 긍정한다는 것은 쉽지 않습니다. 니체가 요구하는 것은 더 급진적입니다. 그는 삶 전체를 원망 없이 긍정할 수 있는 태도를 요구합니다. 원망은 우리를 과거에 묶어둡니다. "만약 그때 그랬더라면", "왜 나에게 이런 일이"—이런 생각들은 현재를 독살합니다. 원망에 사로잡힌 자는 현재를 살지 못하고, 이미 지나간 시간에 머뭅니다.

후회도 마찬가지입니다. 잘못된 선택과 놓친 기회, 저지른 실수를 계속 후회하는 태도는 삶을 과거에 묶어 둡니다. 후회 속에 산다면, 당신은 이미 과거의 포로입니다. 앞으로 나아갈 수 없습니다.

니체에게 원망 없이 산다는 것은, 일어난 모든 것을 자기 삶의 일부로 긍정하는 것입니다. 좋은 것도 나쁜 것도, 행운도 불운도. "그래, 이것이 내 삶이었다"고 말할 수 있는 것. 설령 다시 선택할 수 있다 해도, 이 삶을 그대로 받아들일 수 있는 태도입니다.

삶의 마지막을 긍정으로 맞이하는 일은 더욱 어렵습니다. 죽음 앞에서도 자신의 삶을 근본적으로 부정하지 않는 것. 자신의 삶에 대해 근본적인 부정을 남기지 않는 상태입니다. 이 삶을 다시 살아도 괜찮다고 말할 수 있는 상태입니다.

많은 사람들은 원망과 후회 속에서 삶을 평가하려 듭니다. "더 살고 싶었는데", "다르게 살았어야 했는데"—이런 말들을 남기며 떠납니다. 그러나 삶을 긍정해 온 사람은 마지막 순간에도 자신을 부정하지 않습니다.

지금부터 삶을 대하는 태도를 점검해 보십시오. 원망과 후회가 삶을 지배하고 있지는 않은지. 매일 저녁 침대에 누울 때, "오늘의 하루를 다시 살아도 괜찮다"고 말할 수 있도록 살아가십시오. 그렇게 하루하루를 산다면, 마지막 날에도 같은 말을 할 수 있을 것입니다.

당신에게 던지는 질문

지금의 삶을 그대로 다시 살아도 괜찮다고 말할 수 있나요?

꾸준한 노력

학문은 하루아침에 이루어지지 않으니
꾸준히 노력하여 게으름을 피우지 말라.

다산은 18년의 유배 기간 동안 학문을 멈추지 않았습니다. 매일 공부하고, 글을 쓰며 사유를 이어갔습니다. 그 꾸준함은 500여 권에 달하는 방대한 저술로 이어졌습니다.

우리는 빠른 성공을 원합니다. 단시간에 많은 것을 이루고, 쉽게 성과를 내고, 노력 없이 얻기를 바랍니다. 하지만 진짜 성취는 그렇게 오지 않습니다. 오랜 시간, 꾸준한 노력의 결과입니다.

게으름은 습관입니다. 한 번 쉬면 두 번째는 더 쉽고, 계속 쉬다 보면 다시 시작하기 어려워집니다. 반대로 꾸준함도 습관입니다. 매일 하면 하는 것이 자연스러워지고, 하지 않으면 오히려 불편해집니다.

작은 것이라도 매일 하십시오. 책 한 페이지라도, 단어 하나라도, 생각 한 가지라도. 중요한 것은 양이 아니라 지속성입니다. 매일 조금씩 쌓이면, 1년 후에는 놀라운 결과를 만듭니다.

다산은 자식들에게 이것을 강조했습니다. 게으름을 피우지 말라고, 매일 조금씩이라도 전진하라고. 학문은 하루아침에 이루어지지 않지만, 매일 조금씩 쌓으면 언젠가 산이 된다고.

포기하지 마십시오. 느리더라도 멈추지 마십시오. 오늘 한 걸음, 내일 한 걸음, 매일 한 걸음씩 가십시오. 꾸준함이 천재를 이기고, 지속성이 재능을 압도합니다. 게으름을 피우지 마십시오.

당신에게 던지는 질문

당신은 매일 꾸준히 노력하고 있나요?

영원한 정오

가장 밝은 순간이 왔다. 정오다.
가장 많은 것이 드러나는 시간이다.

니체는 자신의 사유가 지향하는 상태를 '정오'의 이미지로 표현했습니다. 가장 밝은 빛이 모든 것을 비추는 순간, 그림자가 가장 짧아지는 순간. 이것은 니체가 사유의 긴장 속에서 제시한 인간의 한 가능성입니다.

정오는 그림자가 가장 짧아지는 시간입니다. 태양이 정점에 있고, 빛이 수직으로 쏟아집니다. 어둠이 숨을 곳이 없습니다. 모든 것이 드러나고, 모든 것이 명료해집니다. 이것은 니체가 말한 가장 긴장된 의식의 순간입니다.

대부분의 사람들은 황혼 속에 삽니다. 희미한 빛 속에서 사물을 제대로 보지 못하고, 그림자에 겁먹고, 어둠을 두려워합니다. 하지만 정오에는 숨을 곳이 없습니다. 모든 것이 있는 그대로 보입니다.

'정오의 인간'은 삶을 가리는 환상에 의존하지 않으려 합니다. 그들은 삶을 가리지 않으려 하고, 삶을 있는 그대로 받아들이려 합니다. 위안과 변명, 도피에 의존하지 않으려 합니다. 그들은 정오의 뜨거운 빛 속에서도 서 있을 수 있습니다.

"가장 밝은 순간이 왔다"—이것은 선언입니다. 더 이상 어둠 속에 숨지 않겠다는, 모든 것을 직면하겠다는, 삶을 최대한 명료하게 견디겠다는 태도의 표현입니다.

하지만 정오는 오래 지속되지 않습니다. 태양은 다시 기울고, 그림자는 다시 길어집니다. 중요한 것은 그 순간을 경험하는 것입니다. 한 번이라도 정오를 경험한 자는 어둠을 이전과는 다르게 인식하게 됩니다.

정오를 맞이할 준비를 하십시오. 삶을 가리는 그림자와 가면을 내려놓고, 가장 밝은 빛 앞에 서십시오. 두려워하지 마십시오. 정오의 빛은 당신을 위로하기보다 당신을 시험하고 드러냅니다. 가장 밝은 순간이 왔습니다. 이제 당신 앞에 정오가 놓여 있습니다.

당신에게 던지는 질문

당신은 삶을 가장 밝은 빛 아래에서 바라볼 용기가 있나요?

학문으로 얻는 위로

비록 유배되어 멀리 떨어져 있지만
너희들이 학문에 정진하는 모습을 생각하면 마음이 위로된다.

다산에게 가장 큰 위로는 자식들이 학문에 정진하는 것이었습니다. 멀리 유배지에 있어 직접 만날 수 없고, 가난해서 도와줄 수 없었지만, 자식들이 공부한다는 소식만으로도 위로받았습니다.

부모가 자식에게 바라는 것은 거창하지 않습니다. 건강하고, 바르게 살고, 배우고 성장하는 것. 그것만으로도 부모는 행복합니다. 자식이 최선을 다하는 모습, 그것이 부모에게 가장 큰 선물입니다.

학문에 정진한다는 것은 단순히 공부를 잘한다는 뜻이 아닙니다. 그것은 삶에 최선을 다한다는 뜻입니다. 게으르지 않고, 포기하지 않고, 매일 조금씩 나아지려 노력하는 것. 그런 자식을 둔 부모는 자랑스럽습니다.

다산은 자식들에게서 큰 위로를 받았습니다. 자신이 유배지에 있는 동안에도 자식들은 좌절하지 않았습니다. 오히려 더 열심히 공부했고, 더 바르게 살았고, 아버지를 걱정시키지 않으려 노력했습니다.

당신이 최선을 다하는 것이 부모에게 위로가 됩니다. 특별한 무언가를 해드리지 못해도 괜찮습니다. 당신이 바르게 살고, 성실하게 노력하고, 성장하는 모습—그것만으로도 부모는 위로받고 행복해합니다.

최선을 다하십시오. 당신의 삶을 살아가는 자리에서. 그것이 부모에게 드릴 수 있는 가장 큰 선물입니다. 멀리 계셔도, 자주 뵐 수 없어도, 당신이 잘 사는 것—그것이 부모를 위로하는 길입니다.

당신에게 던지는 질문

당신은 지금, 부모를 안심시킬 만큼의 삶을 살고 있나요?

확신의 폐쇄성

확신을 가진 사람은 배우지 않는다.
그는 이미 결정된 세계 안에 머무르며
새로운 진실이 들어올 자리를 스스로 닫아버린다.

확신은 안정감을 줍니다. 더 이상 흔들리지 않아도 되고, 질문하지 않아도 되며, 자신을 의심할 필요도 없어집니다. 확신 속에 있는 사람은 단단해 보입니다. 그러나 그 단단함은 종종 닫힘에서 비롯됩니다. 문이 굳게 닫힌 집에는 바람도 들지 않고, 새로운 공기도 들어오지 않습니다.

배움은 언제나 열림에서 시작됩니다. 아직 알지 못한다는 인정, 틀릴 수 있다는 가능성, 그리고 바뀔 수 있다는 여지입니다. 확신은 이 모든 여지를 빠르게 제거합니다. 이미 결론에 도달한 사람에게 세계는 더 이상 말을 걸지 않습니다. 세계는 그에게 설명될 필요가 없기 때문입니다.

확신은 생각을 보호하지만, 동시에 사유를 정지시킵니다. 배우지 않는다는 것은 단순히 새로운 지식을 얻지 않는다는 뜻이 아니라, 이미 알고 있다고 믿는 틀 안에서만 세계를 해석한다는 의미입니다. 그 틀은 점점 두꺼워지고, 바깥의 진실은 더 이상 닿지 못합니다.

배움이란 흔들리는 일입니다. 자신이 옳다고 믿어온 것들이 질문받고, 때로는 무너지는 과정입니다. 그래서 배움은 불편하고, 때로는 자존심을 상하게 합니다. 확신은 이 불편함으로부터 자신을 지켜주는 방패처럼 보이지만, 동시에 성장의 길을 가로막는 벽이 되기도 합니다.

열린 사람은 자신을 결론으로 만들지 않습니다. 그는 배우는 중에 있으며, 끊임없이 자신을 수정하고, 질문 속에서 자신을 넘어섭니다. 삶은 완성에 이르는 것이 아니라, 생성 속에서 끊임없이 움직입니다. 확신이 느슨해질 때, 세계는 다시 말을 걸기 시작합니다.

당신에게 던지는 질문

당신은 삶의 어느 지점에서, 스스로를 하나의 결론으로 묶어 두었나요?

근본의 방향

백성이 편안해야 나라가 있고,
나라가 있어야 임금이 있다.

권력은 위에서 시작되는 것처럼 보이지만, 실제로는 아래에서 유지됩니다. 가장 낮은 곳이 흔들리면 가장 높은 자리도 오래 버티지 못합니다. 백성이 편안하지 않은 나라는 겉모습만 국가일 뿐, 안에서는 이미 붕괴가 시작됩니다.

편안함이란 사치가 아닙니다. 최소한의 안정, 억울하지 않다는 감각, 오늘과 내일을 이어서 살아갈 수 있다는 믿음입니다. 이 믿음이 사라질 때 사람들은 나라를 자신의 삶과 분리하기 시작합니다. 국가는 멀어지고, 정치는 책임을 잃기 쉽습니다.

임금의 자리는 나라가 바로 설 때 비로소 의미를 갖습니다. 백성이 살아낸 하루하루가 모여 나라가 되고, 그 나라 위에 임금이라는 자리가 놓입니다. 이 순서가 바뀌는 순간, 정치는 돌봄이 아니라 지배가 됩니다.

삶에서도 마찬가지입니다. 기초가 무너지면 위에 쌓은 것
들은 의미를 잃습니다. 마음이 편안하지 않은 상태에서 성취
를 논하고, 관계를 유지하며, 미래를 계획하려 하면 모든 것
이 불안정해집니다.

무엇이 먼저인지 잊지 않는 일이 중요합니다. 그것이 개인
에게는 삶의 질서를, 공동체에는 지속을 가능하게 합니다. 근
본이 편안할 때에만 그 위의 구조도 오래 설 수 있습니다.

당신에게 던지는 질문

당신의 삶에서 가장 먼저 돌봐야 할 근본은 무엇인가요?

거리의 윤리

사람은 자기 자신을 너무 가까이에서 바라볼 때
오히려 자신을 가장 잘 속인다.
거리를 둘 때 비로소 사유는 자기기만으로부터 벗어난다.

자신을 설명하려는 충동 속에서 우리는 종종 자신에게 바짝 다가가게 됩니다. 감정을 들여다보고, 동기를 분석하며, 이유를 거듭 캐묻게 됩니다. 그러나 시선이 지나치게 가까워지면 전체를 보지 못하게 됩니다. 눈앞의 한 조각에 집착할수록, 우리는 스스로를 넘어서는 시선을 잃게 됩니다.

자기기만은 대개 자기 자신과의 무분별한 동일시 속에서 자라납니다. 나는 나를 잘 안다는 확신, 내 선택은 불가피했다는 설명, 나만은 예외일 것이라는 믿음이 그렇습니다. 이러한 생각들은 자신과의 거리를 확보하지 못할 때 자연스럽게 생겨납니다.

거리는 냉담함이 아닙니다. 오히려 사유가 힘을 갖기 위한 조건입니다. 한 발 물러설 때 감정은 언어가 되고, 충동은 맥락을 얻게 됩니다. 그 거리 속에서 우리는 자신을 변호하기보다, 차분히 평가하고 넘어서려는 시선을 갖게 됩니다.

사유는 애정만으로 자라지 않습니다. 때로는 스스로에게 낯선 시선을 허락할 필요가 있습니다. 자신을 타인처럼 바라보는 연습, 그것이 자기연민을 끊고 자기극복의 사유를 단련합니다. 가까움은 위로를 주지만, 거리는 판단을 가능하게 합니다. 삶의 중요한 선택 앞에서 필요한 것은 위로가 아니라, 스스로의 삶에 가치를 부여할 수 있는 거리일지도 모릅니다.

당신에게 던지는 질문

당신은 지금의 자신을 넘어서기 위해, 어디에서 한발 물러서고 계신가요?

쓰임의 기준

학문은 현실 생활에 실질적인 이로움을 줄 수 있어야 한다.

배움은 쌓이는 순간부터 무거워집니다. 읽고 알고 이해한 것들이 현실의 판단과 실천으로 이어지지 않을 때, 그것들은 짐이 됩니다. 머릿속에 남아 있지만 손과 발로 내려오지 못한 지식은 결국 삶을 바꾸지 못합니다.

학문은 설명에 머무는 것이 아니라, 작동해야 합니다. 삶의 문제를 실제로 다루게 하고, 선택을 현실에 맞게 조정하며, 사람을 공적 책임으로 이끄는 힘을 가져야 합니다. 그 힘이 없다면 배움은 장식에 그치고 맙니다.

현실의 고통과 분리된 학문은 말로는 정교할지 몰라도 삶을 움직이지는 못합니다. 실제 삶의 문제와 맞닿을 때 학문은 불편해지고, 질문받으며, 수정됩니다. 그러나 바로 그 과정 속에서 지식은 쓰임을 통해 검증된 지혜로 변합니다.

이로움은 반드시 거창할 필요가 없습니다. 오늘의 판단을 조금 더 정직하게 만들고, 내일의 행동을 조금 더 신중하게 만든다면 그것으로 충분합니다. 배움은 그렇게 일상 속으로 스며들 때 비로소 제 역할을 합니다.

무엇을 얼마나 아는가보다 중요한 것은, 그것이 현실에서 어떤 변화를 만들어 내는가입니다. 쓰이지 않는 지식은 곧 잊히고, 쓰이는 배움만이 사람 안에 남습니다.

당신에게 던지는 질문

당신이 배운 것은 지금의 삶에서 어떤 문제를 해결하고 있나요?

생각의 변명

우리는 이유를 찾기 위해 생각하는 것이 아니라
이미 정해진 결론을 지키기 위해
생각이라는 도구를 사용하는 경우가 더 많다.

사람은 스스로를 이성적인 존재라고 믿습니다. 충분히 생각했고, 합리적으로 판단했으며, 논리적인 선택을 했다고 말합니다. 그러나 자세히 들여다보면, 생각은 종종 결정 이후에 동원됩니다. 이미 마음이 기운 방향을 정당화하기 위해 이유를 찾는 경우가 많습니다.

생각은 종종 진실을 향하기보다,

이미 선택된 해석을 지키기 위해 동원됩니다. 선택을 설명하기 위한 언어, 자신을 정당화하고 우위에 두기 위한 논리, 타인에게 들려주기 위한 이야기. 이렇게 쓰인 생각은 날카롭지 않고, 질문을 만들어 내지도 못합니다.

결론이 먼저 정해진 사유는 세계를 좁힙니다. 보고 싶은 것만 보고, 듣고 싶은 말만 받아들입니다. 반대되는 증거는 무시되거나 왜곡됩니다. 그렇게 생각은 점점 도구가 되고, 그 도구는 그 사람의 의지와 욕망을 그대로 반영하게 됩니다.

자기 자신에게까지 가차 없는 사유는 위험할 수 있습니다. 결론이 바뀔 수 있고, 선택이 흔들릴 수 있으며, 자신이 틀렸음을 인정해야 할지도 모르기 때문입니다. 그래서 사람들은 생각을 무기로 삼기보다, 방패로 사용하는 경우가 많습니다.

그러나 생각이 다시 질문이 될 때, 삶은 다른 방향으로 열릴 수 있습니다. 결론을 지키기 위한 사유를 멈추고, 자기 자신을 흔들 수 있는 사유를 허락할 때, 생각은 다시 살아납니다.

당신에게 던지는 질문

당신의 생각은 당신의 삶을 강화하고 있나요, 아니면 두려움 속에서 자신을 방어하고 있나요?

사랑의 방식

백성을 사랑하는 근본은 재물을 절약해 쓰는 데 있고
절용은 검소한 데 있다.

사랑은 말로 가장 쉽게 소비됩니다. 누구를 위한다는 선언은 많지만, 그 선언이 실제 삶에서 어떤 형태로 나타나는지는 잘 보이지 않습니다. 정약용이 말한 사랑은 감정이 아니라 방식이었습니다. 그것은 태도의 문제이며, 선택의 문제입니다.

검소함은 인색함과 다릅니다. 그것은 자신의 편의를 줄여 타인의 삶을 지탱하는 선택입니다. 쓰지 않아도 되는 것을 쓰지 않고, 가져도 되는 것을 먼저 내려놓는 일입니다. 이러한 절제는 말뿐인 도덕이 아니라, 현실의 구조를 바꾸는 힘입니다.

재물을 아끼는 일은 단순히 돈의 문제에 그치지 않습니다. 그것은 권력이 자신을 위해 작동하는지, 아니면 타인을 위해 작동하는지를 가르는 기준입니다. 그 선택의 결과는 결국 가장 약한 자리에서 결핍으로 되돌아옵니다.

사랑이 구조를 갖지 못하면 오래가지 못합니다. 순간의 연민은 사라지지만, 검소함으로 설계된 태도와 제도는 지속됩니다. 그래서 절용은 하나의 미덕이라기도다, 책임에 더 가깝습니다.

삶에서도 마찬가지입니다. 무엇을 줄이고 무엇을 남길 것인가는 곧 누구를 중심에 두고 살아갈 것인가의 문제입니다. 사랑은 감정이 아니라, 지속 가능한 선택들이 쌓인 결과입니다.

당신에게 던지는 질문

당신의 삶에서 사랑은 어떤 선택으로 드러나고 있나요?

사유의 무게

사유란 고통을 피하기 위한 장치가 아니라
고통을 외면하지 않고 견디게 만드는 힘이다.
생각이 깊어질수록 삶은 더 명료해질 뿐,
가벼워지지는 않는다.

사람들은 생각이 깊어지면 삶이 덜 아플 것이라 기대합니다. 이해하면 괜찮아질 것이고, 이유를 알면 견딜 수 있을 것이라 믿습니다. 그러나 사유는 마취제가 아닙니다. 니체에게 사유는 감각을 무디게 하는 것이 아니라, 오히려 더 날카롭게 만드는 일입니다.

생각은 고통을 제거하지 않습니다. 대신 고통의 형태를 바꿉니다. 막연한 불안은 분명한 질문이 되고, 이유 없는 상처는 의미를 요구하는 긴장으로 변합니다. 그 과정에서 고통은 줄어들지 않지만, 능동적으로 감당할 수 있는 무게로 바뀝니다.

사유가 깊어질수록 삶은 가벼워지지 않습니다. 오히려 더 많은 것을 보게 되고, 더 많이 떠맡게 됩니다. 모른 채 지나칠 수 있었던 장면들이 이제는 자신의 몫으로 다가옵니다. 생각은 삶을 덜어주는 대신, 삶을 감당하게 만듭니다.

그래서 사유는 용기를 필요로 합니다. 이해한 만큼 외면할 수 없고, 본 만큼 스스로를 속일 수 없기 때문입니다. 생각은 사람을 편안하게 하기보다, 자기 자신 위에 서게 만듭니다.

삶이 무거워졌다면 그것은 사유가 실패했기 때문이 아니라, 비로소 시작되었기 때문입니다. 그 무게를 견디는 힘이 곧 니체가 말한 사유의 힘입니다.

당신에게 던지는 질문

당신의 사유는 지금, 어떤 삶의 무게를 감당하게 하고 있나요?

공정의 얼굴

형벌이 공정하지 않으면
백성은 법을 두려워하지 않고 억울함만을 기억하게 된다.

법은 질서를 세우기 위해 존재하지만, 그 이전에 사람의 마음에 닿습니다. 공정하지 않은 처벌은 질서를 세우지 못합니다. 오히려 불신을 남기고, 말해지지 않은 분노를 쌓습니다. 사람들은 법을 어기기보다, 법에서 마음을 거두게 됩니다.

정약용에게 형벌은 힘의 과시가 아니었습니다. 그것은 공동체가 스스로를 어떤 기준으로 대하는가에 대한 태도였습니다. 억울함이 남는 판결은 죄를 줄이지 못하고, 상처만 축적합니다. 처벌이 지나칠수록 정의는 목적이 아니라 명분이 됩니다.

공정함이란 완벽함이 아닙니다. 모든 사정을 헤아릴 수 없다는 한계를 인정하면서도, 그 판단이 어디에서 왔는지를 설명할 수 있는 것, 최소한 납득 가능한 이유를 남기는 일입니다. 사람은 벌을 받아도 판단의 근거를 이해할 수 있을 때, 공동체를 떠나지 않습니다.

삶에서도 마찬가지입니다. 관계에서의 단죄, 그리고 스스로에게 내리는 판결이 공정하지 않을 때, 우리는 오래 자신을 설득하지 못합니다. 지나치게 가혹한 판단은 성찰이 아니라, 자기 파괴로 기울어집니다.

공정함은 질서를 유지하는 기술이 아니라, 신뢰를 다시 가능하게 만드는 태도입니다. 정약용이 말한 법은 사람을 다스리기보다, 사람이 공동체 안에 남을 수 있게 하는 장치였습니다.

당신에게 던지는 질문

당신이 내리는 판단은 납득을 남기고 있나요, 아니면 상처를 남기고 있나요?

침묵의 기술

깊은 사유는 서두르지 않는다.
말이 늦는 것은 생각이 부족해서가 아니다.

사람은 생각이 떠오를 때마다 말하고 싶어집니다. 설명하고, 설득하며, 드러내고 싶어집니다. 그러나 모든 생각이 즉시 언어가 될 필요는 없습니다. 말은 생각을 전달하지만, 동시에 생각을 소모하기도 합니다.

침묵은 결핍이 아니라 힘을 보유한 상태입니다. 충분히 생각한 사람은 서둘러 결론을 내리지 않습니다. 그는 말보다 먼저 시간을 둡니다. 그 시간 속에서 생각은 스스로를 점검하고, 불필요한 장식을 버리게 됩니다.

말이 많아질수록 생각은 얕아질 위험이 있습니다. 즉각적인 반응은 판단을 빠르게 만들 수는 있지만, 정직하게 만들지는 않습니다. 침묵은 생각을 보호하는 능동적인 거리입니다.

사유는 때로 말하지 않을 때 가장 분명해집니다. 설명하지 않아도 스스로 납득되는 순간, 생각은 타인의 동의 없이도 설 수 있습니다. 그때의 침묵은 회피가 아니라, 자기 지배의 표현이 됩니다.

삶에서 중요한 판단일수록 말이 줄어드는 이유가 여기에 있습니다. 깊은 생각은 조용하고, 조용한 생각은 타인의 반응에 쉽게 휘둘리지 않습니다.

당신에게 던지는 질문

당신은 언제 말을 보류함으로써, 생각의 힘을 지키고 있나요?

신뢰의 비용

청렴하지 않으면 아무리 능력이 있어도
사람을 맡길 수 없다.

능력은 눈에 보이지만, 신뢰는 시간이 만들어 냅니다. 일을 잘하는 사람은 많지만, 일을 맡길 수 있는 사람은 적습니다. 그 차이를 가르는 것은 재능이 아니라, 신뢰로 이어지는 태도입니다.

정약용이 말한 청렴은 도덕적 이상이 아니었습니다. 그것은 공동체가 무너지지 않기 위해 반드시 요구되는 최소한의 기준이었습니다. 신뢰가 무너지면 제도는 복잡해지고, 감시는 늘어나며, 사람들은 서로를 믿지 못하는 상태에 익숙해집니다.

청렴하지 않은 능력은 통제되지 않을 경우 특히 위험합니다. 잘못 쓰일 가능성이 크고, 그 피해는 언제나 가장 약한 곳으로 흐릅니다. 그래서 정약용은 능력보다 먼저 신뢰를 보았습니다.

삶에서도 마찬가지입니다. 관계와 일에서 오래 남는 사람은 가장 똑똑한 사람이 아니라, 행동의 기준이 분명해 예측 가능한 사람입니다. 욕심이 어디까지인지, 기준이 어디에 있는지가 분명한 사람은 주변에 불필요한 경계와 감시를 요구하지 않습니다.

신뢰에는 비용이 듭니다. 당장 챙길 수 있는 이익을 내려놓아야 하고, 빠르게 내고 싶은 성과를 잠시 미뤄야 합니다. 그러나 그 비용을 지불하지 않으면, 공동체는 훨씬 더 큰 혼란과 손실을 감수해야 합니다.

당신에게 던지는 질문

당신은 신뢰를 지키기 위해 어떤 이익을 내려놓을 수 있나요?

약함을 숨기지 않는 용기

상처 입을 수 있는 자만이 강해질 수 있다.

우리는 강해 보이려 애씁니다. 흔들리지 않는 사람처럼, 상처받지 않는 사람처럼 보이기를 원합니다. 그러나 니체는 말합니다. 진짜 위험은 약함이 아니라, 약함을 숨기려는 태도라고.

약함을 부정하는 순간, 인간은 자기 자신에게 거짓말을 하기 시작합니다. 아프지 않은 척하고, 괜찮은 척하며, 이미 극복한 사람처럼 자신을 연출합니다. 그러나 덮어둔 상처는 사라지지 않습니다. 그것은 다른 모습으로, 더 왜곡된 형태로 되돌아옵니다. 분노로, 냉소로, 타인을 깎아내림으로써 자신을 지키려는 방식으로.

강함은 무결함이 아닙니다. 상처가 없는 상태도 아닙니다. 오히려 상처를 통과한 자, 자신의 취약함을 직면하고도 그 자리에서 도망치지 않은 자가 강합니다. 그는 아픔을 부끄러워하지 않고 그 아픔을 재료로 삼아 자신을 다시 만들어 갑니다.

약함을 인정한다는 것은 주저앉는 일이 아닙니다. 그것은 자기기만을 중단하는 결단입니다. "나는 흔들린다", "나는 두렵다", "나는 아직 완성되지 않았다"라고 말할 수 있을 때, 비로소 인간은 변화할 수 있는 존재가 됩니다. 완성된 존재는 더 이상 생성되지 않지만, 미완의 존재는 끊임없이 자신을 넘어섭니다.

니체가 경멸한 것은 약한 인간이 아니라, 약함을 감추기 위해 가면을 쓰는 인간이었습니다. 강한 척하며 타인을 지배하려는 사람, 상처를 숨기기 위해 도덕과 규범을 방패로 삼는 사람. 그들은 자신을 보호하는 듯 보이지만, 실은 자기 자신으로부터 가장 멀리 도망친 존재들입니다.

자기 초월은 허공으로 도약하는 일이 아닙니다. 그것은 가장 낮은 지점, 가장 취약한 자리에서 시작됩니다. 자신의 약함을 내려다보고 그 자리를 출발점으로 삼는 용기. 그 용기야말로 니체가 말한 가장 정직한 힘의 형식입니다.

당신에게 던지는 질문

당신은 지금, 어떤 약함을 숨기기 위해 애쓰고 있나요?

사람을 먼저 보는 눈

법은 사람을 살리기 위해 있는 것이지,
사람 위에 군림하기 위해 세워진 것이 아니다.

다산은 법을 만들고 규칙을 세우는 일이 중요하지 않다고 말한 적이 없습니다. 다만 그는 언제나 먼저 묻습니다. 이 제도는 누구의 삶을 살리고, 누구를 제도 밖으로 밀어내는가.

그의 글을 읽다 보면 자연스레 한 가지를 깨닫게 됩니다. 그는 추상적인 '백성'을 말하지 않았다는 사실을. 대신 늘 구체적인 얼굴을 떠올렸습니다. 세금에 눌려 끼니를 거르는 농부, 억울한 누명을 쓴 사람, 관청 문턱에서 돌아서야 했던 노인. 그의 사유는 언제나 제도에서 출발했지만, 끝내 한 사람의 삶 앞에 멈춰 섰습니다.

다산에게 좋은 제도란 완벽함을 자랑하는 제도가 아니었습니다. 예외를 품을 줄 아는 제도였습니다. 모든 경우를 규정하려는 법은 필연적으로 누군가를 제도 밖으로 밀어냅니다. 현실은 언제나 규칙보다 복잡하고, 사람의 사정은 단 한 문장으로 정리되지 않기 때문입니다.

그래서 그는 관리들에게 거듭 같은 말을 남깁니다. 장부보다 사람의 얼굴을 먼저 보라고, 규정보다 그 사정을 먼저 들으라고. 법을 집행하는 손이 차가워질수록, 그 손끝에서 사람의 삶은 더 쉽게 부서진다고.

현대사회 역시 셀 수 없이 많은 제도로 둘러싸여 있습니다. 매뉴얼과 기준, 평가표와 수치들. 우리는 효율적으로 판단하는 데는 익숙해졌지만, 한 사람을 끝까지 이해하려는 일에는 점점 서툴러지고 있습니다. 규정에 맞지 않는 사람을 '예외'로 분류하며 안도합니다. 그러나 다산이라면 이렇게 물었을 것입니다. 그 예외가 바로 이 제도가 끝내 바라보지 않은 한 사람이 아니냐고.

사람을 먼저 본다는 것은 감상적인 태도가 아닙니다. 그것은 공동체를 지탱하는 가장 현실적인 윤리입니다. 사람을 보지 못하는 제도는 오래 버티지 못하고, 사람을 외면한 효율은 결국 공동체의 삶을 안쪽에서부터 갉아먹습니다.

당신에게 던지는 질문

당신은 판단하기 전에, 규정보다 먼저 한 사람의 삶을 떠올리고 있나요?

　세상의 가장 조용한 틈에서 글은 태어납니다. 시계의 초침조차 숨을 고르는 순간, 마음 저 깊은 곳에서 오래 눌러두었던 생각 하나가 조용히 솟아오릅니다. 나는 그 미세한 떨림을 잡기 위해 오랜 시간 멈춰 서 있었고 그 사이 니체와 정약용이라는 두 개의 별이 서로 다른 방향에서 빛을 던지고 있었습니다. 책을 쓰는 내내 나는 두 빛의 흔들림을 좇으며 인간이라는 존재가 얼마나 넓고 깊은 방식으로 서로를 비출 수 있는가를 새삼 깨닫게 되었습니다.

　니체는 자신의 고독을 사유를 벼리는 불꽃으로 삼아 인간의 본질을 끝까지 밀어붙였고, 정약용은 고통 속에서도 사람 사이의 따뜻한 숨결을 믿었습니다. 한 사람은 낡은 세계를 태우는 불이었고, 다른 한 사람은 그 잿더미 위에서 새 생명을 받아내는 흙이었습니다. 둘은 서로를 전혀 알지 못했으나, 그 사유의 흐름은 먼 시간과 바다를 건너 이상하리만큼 서로를 향하고 있었습니다. 불이 흙 위에서 타오르고, 흙이 불을 받아 생명을 키우듯이. 이 두 사유는 서로를 필요로 하는 하나의 긴 호흡처럼 느껴졌습니다.

이 책을 집필하는 과정에서 나는 오랫동안 묻고 또 묻는 존재가 되었습니다. 사유는 완성된 건물이 아니라 바람 부는 들판 위에 임시로 세워진 천막 같은 것이라는 생각이 들었습니다. 바람이 불면 흔들리고, 햇빛이 비추면 그림자가 길어지고, 때로는 비에 젖어 무너지기도 합니다. 그렇기에 나는 완벽한 답을 만들려 하기보다 질문이 숨 쉬는 여백을 남기고자 했습니다. 인간은 언제나 완성보다 미완의 상태에서 더 진실해지는 법이니까요.

니체는 인간에게 극복을 요구하며 심연의 문턱까지 이끌고 정약용은 그 인간을 다시 삶의 자리로 돌아오게 하여 서로를 돌보는 마음을 가르칩니다. 한 사람은 고독의 날카로운 칼날을 쥐고 다른 한 사람은 연대의 따뜻한 그릇을 들고 있습니다. 그러나 두 길은 따로 걷는 듯 보이지만 결국 한곳에서 만납니다. 인간이란 끝내 자신을 넘어야 하면서도 동시에 타인의 손을 놓지 않아야 한다는 사실 앞에서 말입니다. 극복과 연대, 고독과 따뜻함, 초월과 귀의—이 모든 것이 서로를 향해 호흡하는 순간, 인간은 조금 더 온전해집니다.

독자 여러분이 이 책을 통해 마음속에 두 가지 작은 불씨를 품게 되기를 바랍니다. 하나는 자신을 더 넓은 세계로 밀어올리는 용기의 불씨, 그리고 다른 하나는 누군가의 아픔과 기뽐을 향해 조심스럽게 손을 내미는 연대의 불씨입니다. 이 두 불씨는 서로를 소멸시키지 않습니다. 오히려 서로를 비추며 더 깊고 넓은 인간적 세계를 만들어 줍니다. 니체가 말한 '극복'의 힘과 정약용이 남긴 '돌봄'의 온기가 한 사람 안에서 만날 때, 우리는 비로소 조금 더 단단해지고, 조금 더 따뜻해집니다.

책을 덮는 순간이 실제로는 끝이 아니라 시작이라는 것을 나는 이제야 이해합니다. 글은 작가의 손을 떠난 후에야 비로소 제 삶을 시작합니다. 독자의 눈 속에서, 고요한 밤 책상 위에서, 뜻밖의 어느 낯선 풍경 속에서 이 책의 한 문장이 다시 태어나기를 바랍니다. 이 글이 당신 삶의 한 자락에 스쳐 지나갈 때, 그 스침이 당신만의 질문을 깨우고 당신의 시간을 조금 다른 빛으로 물들일 수 있기를 조용히 기도합니다.

이 길 끝에 당신이 있었다는 사실이, 이 책을 쓰는 동안의 모든 고독을 따뜻하게 덮어주었습니다. 사유는 언제나 혼자 시작되지만 그 끝에서 만나는 사람 덕분에 비로소 길이 됩니다. 그 길 위에서 당신을 만날 수 있어 참으로 고맙습니다. 이제 이 책은 당신의 것입니다. 부디 당신의 삶 속에서 다시 숨 쉬고 다시 자라나길 바랍니다.